早稲田教育ブックレット No. 7

震災と教育
―学び、将来へ伝える―

表紙写真：陸前高田市「奇跡の一本松」早稲田大学教育・総合科学学術院地球科学専修高木秀雄氏撮影

はじめに

―「非日常」の日常化の中で―

二〇一一年三月十一日に発生した東日本大震災（3・11）では、人災ともいえることも加わって、様々な事象が我が国の社会を揺り動かし続けています。必ず繰り返される自然災害に人間社会が対応するためには、どのような知恵と行動が必要になるのでしょうか？　私たちは震災の経験で何をどのように学び、そして未来へ伝えることができるのでしょうか？　早稲田大学教育総合研究所は、教育最前線講演会シリーズⅩⅢとして、二〇一一年十二月十七日に講演会〈「震災と教育」〉を開催しました。その副題は、「―学び、将来へ伝える―」としました。本書は、この講演会の記録を基に、同研究所の阿内春生助手を始めとして多くの人々の手を経てまとめられたものです。

私の専門は生物学で、研究現場は竣工間もない先端生命医科学センターにあります。毎年二〜三月は研究室の卒業生と新入生の実験の引き継ぎ時期であり、一年を通じて学生数が最も多くなります。地震発生時、三百人を超える学生、教職員が、訓練と全く同様に建物外へ避難しました。その一連建物に戻ってからは、直ぐに生き物たちの安否確認や実験装置の確認に追われました。その一連の記録映像が手元に残っています。音も悪く見苦しいので披露するには躊躇がありましたが、本講演会の最初に上映させて頂きました。たかだか半年しか経過していないのに、たかだか都内での揺れなのに、あの時に体で感じた強烈な経験や、その後に続いた「非日常」を既に忘れかけているのではないか、と思ったからです。

3・11以降、いろいろな「非日常」が発生し、それらが日常化されてしまいました。被災からの復興に求められる専門性は、想像以上に多岐に渡りそうです。本講演会では、専門を異にする柴山知也、細川光洋、本田恵子の各氏が登壇して多面的な話題を提供して下さいました。続いて早稲田大学に学ぶ学生たち三名より、極めてリアルな体験が報告されました。将来を担う若者の感性が3・11をどのように捉えたのか、大変感慨深いものがありました。最後の総括討論では、会場の参加者の方々より、私たちが提供した話題を超えたとても重要な幾つかの提言を頂きました。

早稲田大学では、この一年の間に東日本大震災を扱った講演会、セミナーが多数開催されました。しかし、多面的な視点で事象を捉えようとする試みは、意外に少なかったように思います。本書の巻末に、教育総合研究所　堀誠所長より、本講演会の開催に至る経緯が紹介されています。本書の刊行を含め、私たちの試みがいずれ将来に人々の目に触れ、行動と知恵の発動を触発し、来るべき時にお役に立つことを願っています。

二〇一二年三月三〇日

早稲田大学教育総合研究所　幹事　**加藤尚志**

災害調査から学ぶ減災のあり方と技術者の役割

早稲田大学理工学術院教授　柴山　知也

はじめに

早稲田大学理工学術院の柴山です。本日は災害の調査の話をし、そのあと、私ども津波の防災にかかわっている技術者が、これからどのように社会の変化に取り組んでいこうと思っているかをお話ししたいと思います。

震災後の日本社会のあり様というのは、これまでも常に変化の途上にあったわけですが、それがさらに加速されて変化しようとしており、その中で技術者への信頼をどうやって再構築していくかが課題になっています。これは日本社会全体がモダンからポストモダンへと移り変わっていく潮流のなかで、社会の急速な変化にわれわれ技術者はどう対応していくかということを技術者の立場から自ら考えているということです。福島の原子力発電所の事故もあり、東北の津波がわれわれの社会をどう変えていくかということを問いかけられているのだと思います。

まず、東北津波では何が起こったのかというお話をいたします。これに関しましては、昨日でき上がったばかりでまだ本屋さんに並ぶ余裕もないのですが、『3・11津波で何が起きたか』という本を早稲田大学出版会から発売しましたので、これを読んでいただければ私が今日お話する

表１　私の最近の主な津波・高潮調査

＜国際的に主要なもの＞

年		国　　名	死者＋行方不明者(人)
2004	インド洋津波	スリランカ，インドネシア，タイ	220,000
2005	カトリーナ高潮	米国 (ニューオーリンズ)	1,200
2006	ジャワ島中部地震津波	インドネシア	668
2007	シドル高潮	バングラデシュ	5,100 (1970：400,000 1991：140,000)
2008	ナルジス高潮	ミャンマー	138,000
2009	サモア津波	サモア	183
2010	チリ津波	チリ	500
2010	スマトラ(メンタワイ諸島)津波	インドネシア	500
2011	東北地方太平洋沖地震津波	日本	死　　者　15,848 行方不明者　3,305 (警察庁発表 2012年２月10日現在)

＜国内＞

2006年10月	横浜港大黒ふ頭冠水（陸棚波に起因した異常潮位）
2007年９月	台風９号　湘南海岸
2008年３月	富山県入善漁港
2010年２月	チリ津波の日本への伝播

ことはおわかりいただけると思います。

技術者を取り巻く日本の社会の変化とは一体何なのでしょうか？　東北の津波、福島の原発の事例が一体われわれに何を迫っているのかという問題にどう取り組むのかを、私どもが今理工系で展開している技術者の倫理教育や、技術者と市民社会との新しい協働のシステムという観点から少しご説明いたします。

まず、早稲田大学の私どもの研究室が何に取り組んできたのかといいますと、津波の調査結果を分析して、地域の立場から減災戦略をもう一度練り上げようということです。減災戦略は日本全国を見渡した場合と、それぞれの地域での防災計画を考える場合とでは全く異なるということがわかっています。

早稲田大学の取り組みとしては、災害の調査と数値シミュレーションを用いて、災害の具体的なイメージを再構成し、そのイメージを住民の方と共有しようとしています。被災の事情は東北でもさまざまですが、世界各地でも災害の被災状況はやはりさまざまで、それぞれの地域の社会的な文脈を読み取ることによって、それぞれの地域に対応する減災シナリオの作成が初めて可能になるわけです。しかし、私ども大学の研究者だけではそれをやることはできませんので、行政担当者、地域住民の方々とともに有事に備えていくということが私どもの研究の目標ということになります。

私は津波だけではなくて高潮の研究もしております。最近どんな津波と高潮があったのかを表1に一覧にしてみますと、二〇〇四年以来大きな津波や高潮の災害が毎年起こっていたことがわかります。私はこれらすべてについて、一体そこで何が起こったのかということを調査しております。

一番規模が大きかったのはインド洋津波で、スリランカ、インドネシア、タイ合わせて二十二万人の方が亡くなりました。そのあとカトリーナ高潮がニューオーリンズで発生し、ミャンマーでナルジス高潮があり、二〇一〇年はチリの津波が日本にも到達しました。二〇一〇年はインドネシア・メンタワイ諸島と二回津波があったのですが、二〇一一年はとうとう東北地方太平洋沖地震津波が起こってしまいました。

表1に被害者の数も書いてあります。これを見ますと被害者の多い災害は「不意打ち」であることがわかります。インド洋津波のときはスリランカにしろタイにしろ、津波が来るということは全く考えていなかった地域です。ミャンマーでも、インド洋の高潮というのはここ五〇年ぐらいの経験から、ミャンマーには来ないでバングラデシュのほうに行くということになっていました。ナルジス高潮は、ミャンマーの人にとっては今まで一度も経験したことがないことだったのです。

この二つは被害者が多く「不意打ち」だったということで説明できます。東北地方太平洋沖地震津波では、亡くなった方が一万五八四八人、行方不明の方が三三〇五人（二〇一二年二月現在）ということになりますが、これは「不意打ち」ではありませんでした。われわれとしては東北地方には津波が来るということは重々知っていたにもかかわらず、大きな被害が出てしまったのです。この意味でこれまでの災害とは全く異なる性質をもっているといえます。

私は二〇〇九年四月に早稲田大学に着任しました。その後に発生した津波、高潮災害では、サモアのときにはあとで話をしてくれます学生の三上貴仁君を、チリとメンタワイのときには三上君と大平幸一郎君を連れて行きました。今回の東北津波では早稲田の学生を約五〇人連れて合同調査ということで参りました。

ちょうど五〇年前、一九六〇年のチリ津波が日本に押し寄せて来たときに、調査をした先生方は今回も災害調査をしてらっしゃいます。われわれの経験を次の世代に伝えていくという意味でも、早稲田では学生を含む調査の取り組みをしております。

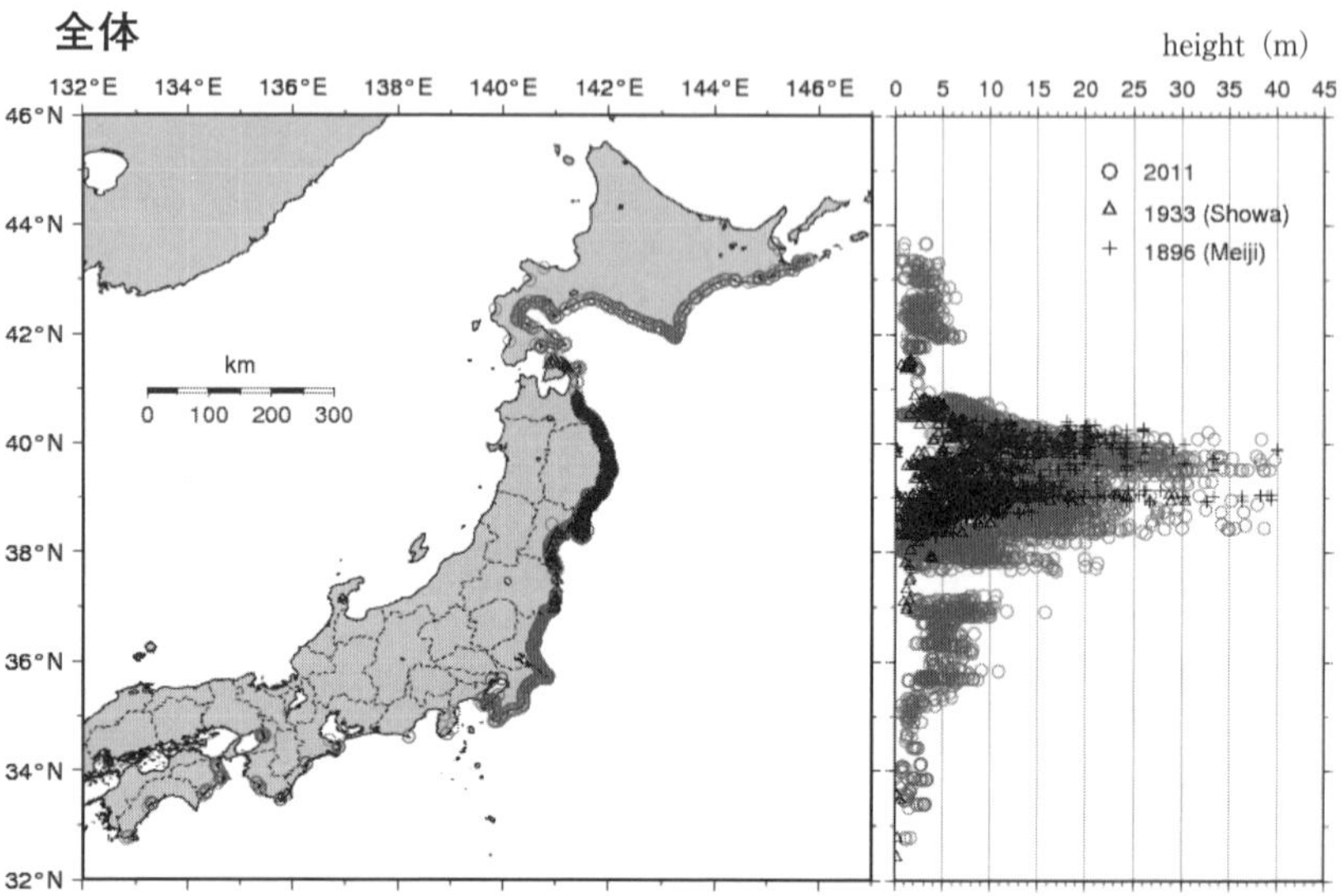

注１）2011年東北地方太平洋沖地震津波の痕跡高は，統一補正データ（津波合同調査グループ）データ（リリース20110826版）による

２）1933年昭和三陸津波，1896年明治三陸津波の痕跡高は，津波痕跡データベース（東北大学・原子力安全基盤機構）による

図１　合同調査グループの浸水高測定結果と明治三陸地震津波、昭和三陸地震津波の比較（統一補正データ，津波合同調査グループ）

東北の津波の調査

早大合同調査は大学院生と学部の四年生の四十九人と教員が三人でした。この五十二人を十二班に分けて三日間で調査しました。学生も専門別に、コンクリート構造、陸上氾濫の計測、砂浜の侵食、小学校の状況、記憶の伝承など十二班に分かれて調査しました。

日本には津波の調査研究者は十数人いて、今回周辺の領域からも研究者が集まって、東北地方太平洋沖地震津波合同調査グループをつくり、大学院生を含めて二百人ぐらいで調査に当たりました。

図1にあるのは早稲田大学を

含めた調査グループ全体の結果ですが、東北地方の今回の津波は◯印で示してあります。この◯を見ていただくと、今回の最大の遡上高は三九・七メートルで、北海道から千葉に至るまでの非常に広範囲に大きな津波が押し寄せたことがわかります。

では、これまで起こった津波とどう違うか見てみましょう。＋で示した一八九六年の明治三陸津波をみると、三陸地方では◯と＋はほとんど拮抗していますので、三陸海岸にとっては百十五年の間に二回大きな津波が起きたことになります。一方で仙台から南の低平地の仙台平野になりますと＋は急速に小さくなり、◯が目立ちます。つまり仙台から福島、茨城にかけての地域では今回の津波が明治以来で初めてで、その前は八六九年の貞観地震のときということになります。これが全体像です。

もう少し場所ごとに何が起こったのか見てみましょう。図2は岩手県宮古市姉吉地区の例です。三角形に奥のほうがだんだん狭くなるのですが、この一番奥に姉吉の集落があります。明治三陸津波、昭和三陸津波でも壊滅的な被害を受けており、明治のときに生き残った方は二人、昭和三陸のときは四人です。漁港地区は概ね四十メートルの遡上高です。先ほど申し上げた最高記録の三九・七メートルというのはこの場所です。漁港とキャンプ場は壊滅してしまいましたが、幸いにして集落は昭和三陸地震のあとに高地移転しており被災を免れました。四人しか生き残らずにどうやって集落を再建できたのかというと、これは数代前に付近の集落に嫁いだ人の子孫を、家を継ぐためにもう一度養子にもらって来て家を再建したという歴史があるからです。集落に至る道路も途中まで津波が遡上して樹木がなくなり、荒涼たる風景が広がっています。

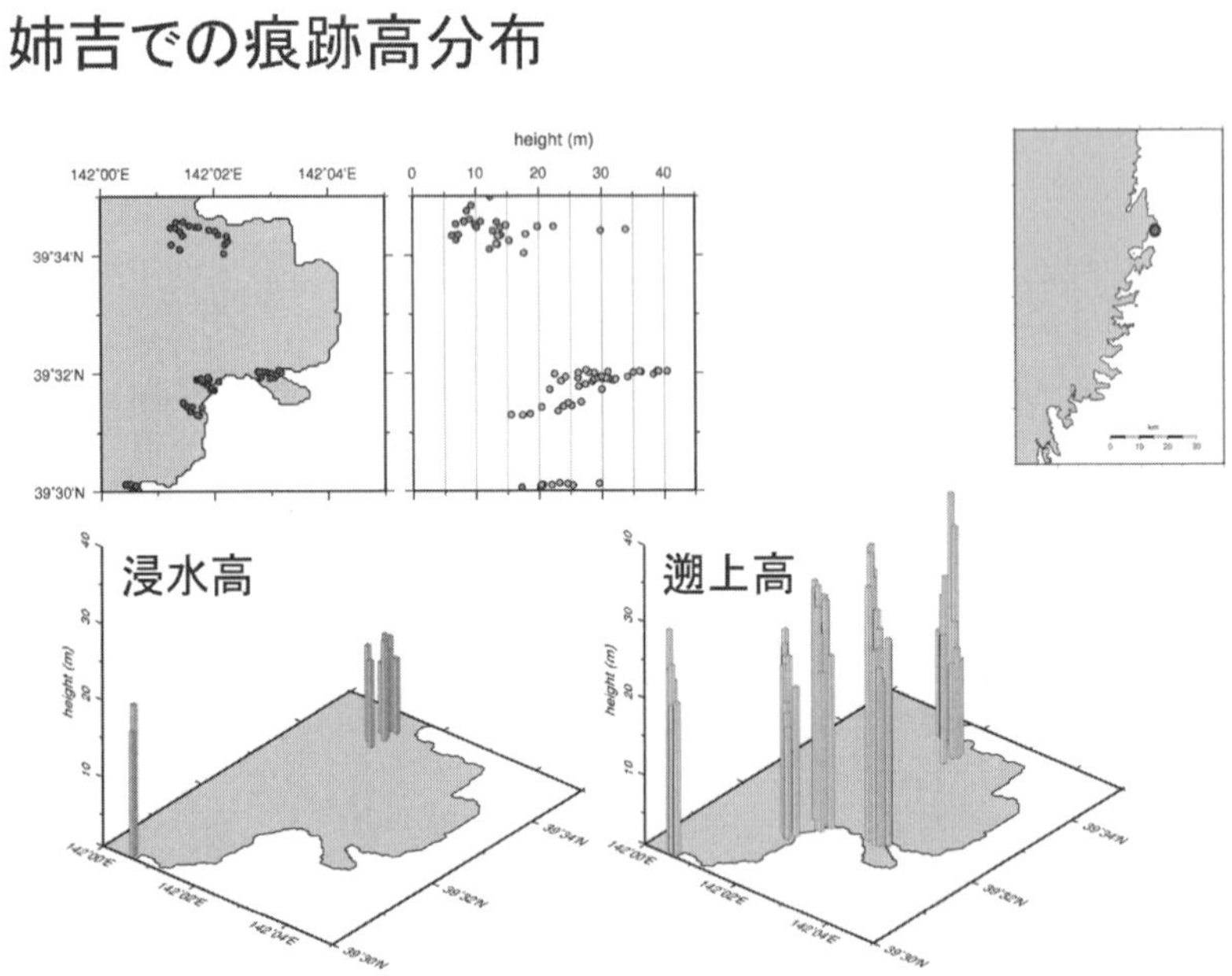

注）明治三陸津波，昭和三陸津波でも壊滅的被害
漁港地区：概ね40mの遡上高
漁港とキャンプ場は壊滅
幸い集落は高地移転をしており，70m程度の丘の上に集落があるため，人家の被災は免れている。集落に至る道路も途中まで津波が遡上，樹木がなぎ倒された荒涼たる風景
出所）東北地方太平洋沖地震津波合同調査グループのデータ

図２　姉吉地区の例

図3の左上は漁港の部分ですがケーソン[1]が転がっています。左下の谷を遡って水が上がっていったということです。集落に至る道路がちょうど谷になっていまして、谷に沿って水が上がっていきました。そしてここが三九・七メートルの最高記録です。ここから先さらに四十メートルほど行きますと姉吉の集落に至ります。

集落の手前には、この石碑より下に家を建ててはいけないという碑が残っています。私は百歳

図３　姉吉地区の写真

になる漁師さんと、七十歳になる息子さんにインタビューしました。この碑は林の中にあったそうで、道を改修したときに見つかり、その後目立つところに置いたそうなので、息子さんは自分が子どものときには見たことがないとおっしゃっていました。これほど悲惨な災害に遭っている姉吉地区でさえ、津波の記憶をどう次の世代に伝えるかは非常に難しい問題のようです。

次は同じく岩手県の釜石市です。市街地は湾の奥まったところにあり、湾口には湾口防波堤があります。東北地方のなかでも特に釜石は湾口防波堤、海岸の津波防潮堤、津波避難ビルと三重の防護をひいていました。浸水高を見ますとやはり釜石湾の中

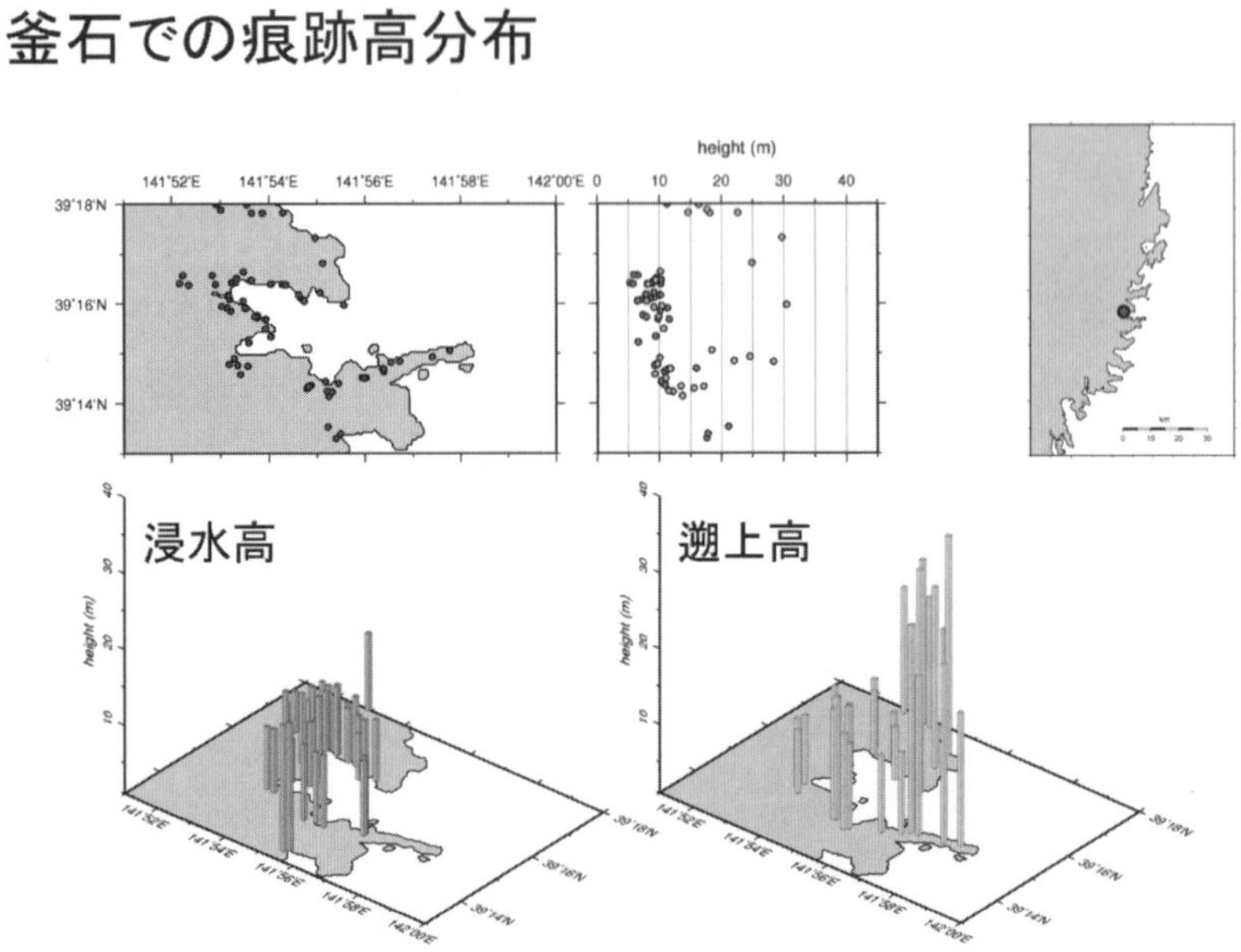

注）湾口防波堤の外側：30m越の遡上高さ
　　防波堤内：概ね10m程度の浸水高および遡上高
出所）東北地方太平洋沖地震津波合同調査グループのデータ

図4　釜石の例

は小さくなっています。遡上高を見てもそうです。釜石湾では湾口防波堤が押し寄せてきた津波の第一波では何とか持ちこたえたのですが、第二波以降でケーソンがすべって防波堤が壊れ、ところどころ櫛の歯を欠くように抜けてしまいました。もちろん全く何の役にも立たなかったというわけではありません。津波の高さを低減するのにはある程度効果を発揮したと評価できます。陸上には陸を守るための防潮堤が築かれています。さらに内陸に行くと一番奥では天王山口という、丘が避難場所になっています。そこから見ると防波堤はこの湾のさらに外に

図５　釜石の写真

あり、陸岸には防潮堤、津波避難ビル、津波避難場所があります。

私たちは津波の被害調査を終了して、現在は今回の津波被災のメカニズムを解明して、今後の防災システムをどうしていくかということを考えています。防災機能を備えた社会基盤施設を再建していくということが大切です。湾口にある防波堤も陸上に造った防潮堤もそうですが、堤の上を越えるまではしっかり設計されているのですが、越えてしまうと壊れてしまうのです。ですから、もっと丈夫にし、上を越えられても構造物自体は残っていて、ある程度は津波を反射してくれる構造物にしようと考えています。湾口防波堤、津波防潮堤、避難ビルの三つの防護ラインの効果を検証して、それぞれの地域で、どれがどれだけ役割を果たしていくか、湾口防波堤だけですべてを跳ね返すことはできないのなら、津波防潮堤はどのぐらいの部分を受け持つべきかということについて検討しております。

今後の津波防災対策

今回の被災地以外の津波来襲が予想される地域での津波対策を提示する必要もあります。高地移転、避難ビルの建設などの方法について具体的な設計方法を含めた提言をしようと思っています。日本全国にわたる防災計画の練り直しが今まさに進んでいます。私が担当しているのは神奈川県などですが、先日、新しい津波の浸水図を発表しました。これは全国レベルでの課題として、防災対策の策定において想定される津波の規模をもう一度見直そうという活動の一環です。そして、想定値に縛られずに、それを越える津波が来襲した場合にも対応可能な避難計画をあらかじめつくっておこうと思います。これは今まさに避難計画の部分で進めているところです。

想定外がどうして生まれてしまったのかということを考えてみると、地震の研究をしている人と、私のように津波の研究をしている者と、市町村の防災担当者が、それぞれ分業して仕事をしていたからということもあると思います。例えば市町村の防災担当者から見ると、地震の研究者がどのような方法で震源域や想定される地震を設定していたのかということに関してほとんど情報が伝わらない状況で、浸水予測の結果だけが伝えられていました。この状況は見直す必要があります。

地域の視点で防災を構想することも大切です。中央防災会議のように東京に立って日本全国を見渡すと、東海、東南海、南海の三連動地震が一番気になるのですが、われわれのように東京に住んで、例えば港区の海辺に立って、ここにはどんな津波が来るのかというのを考えると、それは東海、東南海、南海ではなくて、慶長地震[2]であったり東京湾の湾口で起こる三浦半島断層群から鴨川低地を結ぶ断層帯の地震なのです。このように、地域によって考えるべき津波は違うので、全国あまねく同一の想定というわけにはいきません。さらに避難計画についても、東京や横浜のように高層ビルがたくさんあるところと、海辺に高い建物がないところでは、違う計画をつくる必要があります。地域の視点で防災を構想するというのは、それぞれの場所に立ってみないとどんな防災計画をつくるかという解答は出てこないということです。

二〇一一年四月の時点で津波の研究者の間では、津波のレベルを二つに分けて対応の方法を考えようという相談をしておりましたが、その後、行政面でもそのように対応が推移しています。津波防護レベルというのは、構造物で対応する津波のレベルです。これは先ほど申し上げた湾口防波堤や陸上に建設する津波防潮堤であったりするのですが、その設計に用いる津波の高さのことで、再現確率は数十年から百数十年に一回、つまり百年に一回程度の津波を対象として、沿岸部の資産を守り避難を助けることを目標とする構造物に対応する津波の高さです。二つ目は津波減災レベルで、避難計画のための津波の高さで、防護レベルをはるかに上回る津波に対しても、人命を守るために必要な最大限の措置を行うということで、今その措置を進めているところです。具体的な決め方については、津波の研究者の集団から国の機関にこういうふうにしてほしいというお願いをし、国の機関から各都道府県に、どうやって津波防護レベルの高さを設定するのかというやり方についての指針が通達されました。過去の津波の痕跡高や、痕跡のない津波については シミュレーションをして推定します。その上ですべての想定する津波について数値予測を実施し、その中から数十年から百数十年に一回程度のものを探して、それを構築物を設計する津波の水位にするのです。しかし、他に高潮に対する防災もありますし、経済性や、景観、維持管理の優位性などいろいろな要素がありますので、それらを考慮して最終的に堤防の高さを決めるということで作業が進んでおります。都道府県が高さを決める作業をしており、順次発表されているところです。

神奈川県の例を挙げますと、これまでは元禄関東地震津波のモデルに基づいて想定をしていました。しかしそれ以外にも、鎌倉の大仏まで津波が押し寄せたといわれる明応東海地震が一四九八年に起きています。また一六〇五年に起きた慶長地震は揺れは大きくなかったのですが、津波が大きかったといわれています。さらに東京湾の湾口で起こるものでは、三浦半島断層群と房総半島の鴨川低地の断層を結んだ地震があり、今回これらの三つを新たに想定に組み入れました。さらに古都鎌倉に残る古文書も参照しています。私が古文書の話題を国際会議でしたときに、アメリカの研究者から、アメリカには古文書はないのでこの手法は使えないという声を聞きました。ですから彼らはシミュレーションと津波堆積物のボーリング調査の二つの手法で津波の予測をしています。日本には古文書というもう一つの証拠がありますので、これらを使いながら過去に何が起こったのかを探していくということです。

表２　避難場所の分類

カテゴリー	概　　要
A	背後に標高の高い後背地を有する丘
B	堅固な７階建て以上の建物か，20m以上の地盤高の丘（津波来襲時に孤立するため，さらに水位が上がった時に危険となる）
C	堅固な４階建て以上の建物（津波の規模によって水没する可能性がある）

カテゴリー（A，B，C）を付けて指定し，住民は津波来襲の状況，時間的な余裕に応じて避難場所を選ぶ。

新たな推定の結果を示しますと、例えば鎌倉地区では、明応地震の時の津波が平均九メートル強、慶長地震の時は平均一〇メートルという大きな津波が想定されます。また元禄関東型のものだと七メートルという結果が出ていますので、鎌倉の場合には千年に一回というのはこれらのレベルで、これ以下の津波は数十年から百数十年に一回のレベルと想定をします。これら三つに対してどんな避難計画が立て得るかということを検討しています。

しかし、想定値を越える場合もありますので、どうやって避難場所を設定したらいいかということはカテゴリーに分けて考える必要があります。カテゴリーAは標高の高い後背地を有する丘で、イメージとしては田老地区の赤沼山や釜石市の天王山口で、後ろがどんどん高くなりますので絶対安全な場所です。Bは堅固な七階建て以上の建物か二十メートル以上の地盤高の丘で、これは上を越えられることはほとんどないと思われるのですが、津波来襲時に孤立しますので少し注意が必要です。Cの堅固な四階建て以上の建物は、場合によって水位が越える可能性もあるかもしれません。しかし日本全国を見渡すとCしかなく、これ以外に地域で頼りになる建物はないというところがたくさんあります。時間の制約のもとでの選択となると、例えば神奈川県の海岸に立ってみますと、元禄関東地震が来るまで二十数分、明応東海地震が来るまで四十数分ありますので、その時間を勘案してどこに逃げるかは地震によって決めていく必要があります。

技術者の役割

次に、われわれが技術者として何をすべきかについて述べます。私は土木工学を専門としており、私が担当している水理学は流体力学の土木工学に関する応用であり、その他に構造力学は古典力学の応用です。「何でこんなに難しい科目の勉強をするのですか？」と学生に聞かれる場合があるのですが、それに対しての私の古典的な説明は、エミール・デュルケムの社会分業論まで遡ります。近代社会は有機的な連帯、すなわち異質なもの、技術者集団や医師集団などの職業集団が別々の役割を果たして、お互いの機能を補いながら社会を運営しているので、土木技術者になろうとする諸君は、水理学や構造力学を勉強しなければいけないのだという説明です。こう言うとかつては一応の説明になったのですが、最近少し社会の状況が変わってきたと思っています。それは、土木技術者の社会的役割が変わり、かつての高度経済成長期における産業基盤偏重の社会基盤投資から、生活基盤への優先へと順位の変化がありました。これは防災の観点から、安全に暮らせるということと、環境に関して優しい生活を送ることという方向に、社会基盤施設の目的が変わってきているということです。もう一つは、かつては社会分業論に基づいて、土木技術者に社会基盤の建設が任されていましたが、もはやそういう時代ではありません。土木事業の立案段階から使用者・生活者の視点を取り入れ、土木事業の必要性を、経済学や社会学の視点からもきちんと説明し、開かれた意思決定のプロセスを通じて安心から信頼への転換をはかるということです。これは原子力に関しても同様です。大学や大学院で高度な教育を受けた原子力技術者に原子力のことを任せていれば安心だと思っていた社会が変質し技術者の側からきちんと説明して理解を得、信頼を得るような社会に対応していかなければいけないというふうに変わってきたと考えています。

日本型の安心社会、つまりそれぞれ専門の集団に任せておく、たとえば原子力のことは原子力技術者に、社会基盤施設のことは土木技術者に任せておけばいいという安心社会が変質して、技術者の側から説明をして、国民の信頼を得ていくというふうに社会が変わりつつあるのです。

これまでは技術者集団内の強固な社会構造が存在していたのですが、それが急激に崩解し、これまでの、お互いに見知った深い関係性がある中で運営されていたものが変質しました。そこで、関係資本、つまり一緒に仕事をする人が本当に信用できるのかという問題が出てきました。これに関して私は二つの対応方法があると思っています。誠意をもって仕事を行うということに対しては、技術者倫理をきちんと教えるようにしています。それから「本当にあなたは技術的な能力があるのですか?」という問いに対する答えとしては、資格制度を整備していく必要があります。かつては大学の土木工学科を出れば、あるいは原子力工学科を出れば、土木工学の能力あるいは原子力工学の能力があるだろうと思われていたのですが、もはやそれでは不足で、日々研鑽しながら技術的な努力を磨いているのだということをきちんと説明しなければいけません。

私は技術者倫理の教科書を書いたのですが、そのなかに、倫理的に問題がある事例を列挙しています。ここに原子力技術者はよく登場します。原子力関係の問題は、例えばＪＣＯの一九九九年九月の臨界事故以来たびたび組織的な問題だと指摘されています。さらに、軽微なひび割れの検査記録を改ざんした事例もありました。

私たち土木技術者集団に突き付けられた最近の問題は、阪神淡路大震災のあとどうやって復興を進めていくかということでした。技術者は、ただ道路を再建し、橋を再建すればいいのではなく、基礎集団としての家庭、機能集団としての学校や会社が都市のなかでどのぐらい健全に働いているかなどへの配慮を含めて仕事をしていかなければいけないということに、このときに改めて気がついたのだと思います。

近代産業社会のなかで技術者がどうやって自分たちの集団をつくり上げてきたかは、基本的には技術の管理化や集団化のプロセスだったのです。しかし、今私が取り組んでいるのは、ポストモダンの社会全体の多様化、個性化、自由化のなかで、技術者がどう倫理的な判断をしていくかという問題です。具体的には、個々の技術者としての判断を技術者集団としての判断に徐々に練り上げていくプロセス、すなわち、まず一人ひとりが考えて多様性を確保した上で安全を守っていく合議のプロセスを、技術者教育の中で教えようとしているわけです。

京都大学の北山忍先生は、自己観の違いについて述べています。欧米社会で支配的な相互独立的自己観では、「自己は他者や状況と切り離された独立した存在」です。それに対して日本では、相互協調的自己観、すなわち「自己は他者との関係性や状況と本質的に結びついた存在」であるという違いがあるのです[3]。こういう自己そのものの集団内における立場が違うことが、技術者集団そのもののあり方についても規定をしていると考えられます。

一つ例を挙げると、橋脚の耐震補強工事の際の事例が挙げられます。橋脚の耐震補強工事の際、ボルトを用いて本体に装着するのですが、鉄筋の存在によって穴の長さが足りず、指定された長さのボルトを打ち込めないにもかかわらず、受注者が発注者に協議を申し入れることをしなかったというものです。技術的な問題について話し合う雰囲気も機会もない習慣や、発注者に対して施工者は下位の立場にあるという関係性が、技術者集団では問題になります。これは土木技術者でも、原子力技術者でも同じだと思います。

これからわれわれ土木技術者が震災復興にどのような役割を果たしていくかを考えたとき、市民の技術コンサルタントとして、市民社会との協働のシステムをつくっていくというのが課題だと思っています。津波の想定を見直して、次に津波が来たらどう行動すればいいかを、住民の方と相談しながら決めていくのです。一般の方は科学技術情報に固有の不確実性をご存じで、同じデータを使っても解釈の仕方が違う場合があることを知っています。さらに、同じシミュレーション結果が出てきてもその解釈が違う場合があります。結果を出すにはいろいろな設定をすることが必要ですが、その設定の中に不確定な要素が含まれているので、それを一般市民自身が評価する、もしくはセカンドオピニオンを聴取することが、全体の理解を深めるという意味で必要だと思います。

専門家である技術者の仕事は、社会的関係性の中で技術的な結論をつくっていくということです。現在、専門家に求められているのは、安全神話をつくり上げるための論理体系の構築ではなく、予測の不確実性を含めた減災策の効果を、その限界を含めて具体的に地域住民に説明して、科学技術への信頼性を高めていくことだと思います。

これは技術者としても、これまで通りのやり方ではできないとわかっています。今までの私たちが成長してきた過程を振り返ってみると、市民のコンサルタントになるために必要な準備があることがわかります。「社会化」は社会学における中心概念ですが、まず病院で生まれて家に帰ってきて、家族のなかで家族の一員となるように幼児が変わっていく。幼稚園、保育園などの集団に入ったとき、あるいは小学校に入ったときには児童として社会化が行われます。大学を卒業し会社などの職業集団に入ったときには、職業的な社会化が行われます。ところが職業的な社会化の中で身につけた能力と、技術者が地域社会や市民団体と一緒に働くときに必要となる資質は違うのです。技術者集団の中だけで仕事をしているときと、地域社会や市民の皆さんと一緒に仕事をしているときのやり方というのは当然違うわけで、新たな第四の社会化が必要だと思っています。

震災の事実を突き付けられて、私は津波の研究者として地域社会にどう貢献できるかを考えています。技術者が地域社会でどういう役割を果たすべきかを考えたとき、技術者としてこれまで培われてきた素養だけでは無理で、それ以外の能力をもたなければいけません。私が書いた『建設社会学』と『建設技術者の倫理と実践』という本があります。その中で、社会の変化に対応し技術者集団の考え方も変えていかなければいけないと書いたのですが、今思うと、特に今回の震災のあと、日本全国の防災計画、安全への指針を見直す中で、技術者集団が果たすべき役割はかなり変わってきていることがわかります。市民社会の中で自分たちが果たすべき役割をきちんと理解した上でなければ、技術者はその役割を果たすことができないのです。

今回の震災についての早大ブックレット[4]が、昨日でき上がりました。私どもが早稲田大学の活動として被災地で調査をした結果、今回の震災では津波が来ること自体はわかっていたのに、なぜこんなに大きな被害になってしまったのかを考えました。それは想定を超えていたということなのですが、では想定を超えることが今後も起こりうるのでしょうか。答えは「これからも起こり得る」です。そのような中で地域社会をどう守ればいいのかについて、私の見解をまとめました。

東北津波で何が起こったのかについてはだいぶ解析が進み、どうしてこんなにたくさんの方が亡くなったのかについてもかなり分析が進みました。それをもとに、日本全国で海岸・海洋工学、津波防災、沿岸域防災の専門家たちが、それぞれの地域で防災計画をどうつくり直そうかと検討を進めております。その際に、私たち技術者集団も、技術的な情報を地域住民の方に伝達するのみではなく、社会の変化に対応してわれわれ自身が変わらなければいけないと考えています。それは、市民社会と技術者との協働のシステムを作るということです。自分たちが得た科学技術的な結論をそのまま単に地域社会に対して伝達するだけではなくて、それぞれの防災計画にも深くかかわって、地域ごとにどういう社会的な文脈のもとで避難計画をつくっていけばいいのかを考えることが必要です。例えば、東京の港区でつくる防災計画と、神奈川県の鎌倉市でつくる防災計画と、鳥取県でつくる防災計画、徳島県でつくる防災計画というのは、それぞれの地域の社会的な状況に応じて違うものになるということが前提になります。われわれ津波の研究者も、地域ごとの災害特性の違いを含めて、地域の防災計画にかかわっていかなければならないと考えています。

注

（1）漁港の防波堤として置かれたコンクリートの大きな箱。
（2）一六〇五年は南海トラフで発生した地震。
（3）北山忍（一九九五）「文化的自己観と心理的プロセス」、社会心理学研究、10巻3号、153—167
（4）柴山知也『3・11津波で何が起きたか—被害調査と現在戦略　早稲田大学ブックレット—震災後に考える004』早稲田大学出版部、二〇一一年。

寺田寅彦は忘れた頃にやって来る

高知工業高等専門学校准教授　細川　光洋

一、寺田寅彦とはだれか

高知工業高等専門学校の細川と申します。本日は、寺田寅彦についてお話ししたいと思います。東日本大震災以降、新聞、テレビなどのメディアを通じて、「天災は忘れた頃にやって来る」という警句とともに寺田寅彦の存在があらためて注目されています。では、寺田寅彦とはいったいどんな人物なのかというと、実際にはあまりよく知られていないように思います。

寺田寅彦（一八七八～一九三五）は、高知出身の物理学者、随筆家。ノーベル賞に匹敵する物理学の研究をする一方、文学者としても「吉村冬彦」という筆名で書いた科学随筆や、「団栗」「花物語」などの抒情的な物語作品、俳句や連句もたくさん残しています。油彩画が巧みで音楽を愛し、ヴァイオリンやセロ、ホルンを友人たちと合奏して愉しんだというのですから、その多才さには目を瞠る思いです。友人の小宮豊隆は寅彦を「日本のレオナルド・ダ・ヴィンチ」と呼んでいますけれど、まさに「文理融合」を実践した人だといえるでしょう。

寺田寅彦は、熊本五高時代に英語教師であった夏目漱石と出会い、俳句の手ほどきを受けました。漱石からは俳句の技法のみならず「自然の美しさを自分自身の眼で発見すること」を教わったと語っています（「夏目漱石先生の追憶」）。漱石の「吾輩は猫である」のヴァイオリンを弾く理学士水島寒月、「三四郎」のなかで地下実験室に籠って「光の圧力」を研究する野々宮宗八のモデルとなった人物といえば、多少イメージが湧くかもしれません。

寺田寅彦の物理学は一風変わったところがあり、「寺田物理学」という呼ばれ方もします。寅彦に「日常身辺の物理的諸問題」という随筆がありますが、普通なら見過ごしてしまいそうな身のまわりの自然現象に深い関心を抱いて、そこから物理学の問題を考えていくというスタイルです。一杯の湯呑み茶碗のなかに、地球規模の対流現象を透かし見たり（「茶碗の湯」）、線香花火の燃え方や金平糖の角の出来方を観察したりなど、実験室の中に留まらない旺盛な好奇心を発揮して「物理学」を追究しました。身のまわりの自然現象のなかにはもちろん人間も入っていまして、電車の混雑のメカニズムの考察（「電車の混雑について」）など、人間の行動心理までも深く洞察した文章で知られています。

最初に引いた寺田寅彦の言葉として出てくる「天災は忘れた頃にやって来る」という警句ですが、不思議なことにこの言葉は実際の寅彦の文章のなかにはまったく出て参りません。「天災と国防」という文章の中で「天災が極めて稀にしか起らないで、丁度人間が前車の顚覆《てんぷく》を忘れた頃にそろそろ後車を引き出すようになるからであろう」と、似たような主旨を述べていますが、寺田寅彦全集のどこを探してもこの言葉は見当たらないのです。寅彦門下生で「雪」の研究で名高い中谷宇吉郎が、寅彦の没後間もないころ書いた「天災」という文章に引いたのが最初とされていますが、宇吉郎自身、「これは、先生がペンを使わないで書かれた文字である」（「天災は忘れた頃来る」）と書いています。

二、震災絵はがき

東日本大震災を契機として、二〇一一年夏、寺田寅彦の文庫本が相次いで出版されました。私も早稲田大学の千葉俊二先生との共編で、中公文庫から『地震雑感／津浪と人間』という寺田寅彦の地震関係の文章を集めた随筆集を出しています。この編集作業を通じて寅彦の作品をあらためて読み直したのですが、私が一番おもしろいと思ったのは、未曾有の震災に際して、人々がいかに行動したか、考えたかというのを、寅彦が「科学者の目」で克明に記録しているところです。寅彦は今村明恒らとともに震災後の科学的調査に当たっているのですが、日記や手紙のなかにも寅彦ならではの物の見方が示されていました。そこで今回の編集にあたって、「震災日記」とともに、この文庫の最初のカラーページに友人の小宮豊隆宛ての書簡を入れることにしました。また、このことが縁になりまして、豊隆の三女・小宮里子さんのご厚意により、高知県立文学館で実際の絵はがき十通が初めて公開展示されました。

関東大震災後には、「震災絵はがき」と呼ばれる写真絵はがきが大量に売り出されています。今日ではちょっと考えられないことですが、震災の状況を写真に撮って何枚組かのセットはがきにし、販売しているわけです。この絵はがきを使用して、寅彦は当時ドイツに留学していた小宮豊隆に震災の状況を書き送っています。そのうちの何枚かを見ていただきましょう。

写真1　これは神田須田町付近の情景ですね。「ニコライ」とあるのは、ニコライ堂のことです

写真１　神田須田町

ね。「ニコライの焼けたのは惜しい、焼け跡のルインが実に美しい、此れを其儘保存してほしいと思つて居る」こういう感想を友人の小宮に送っています。さらに次のようなことも書いています。「焼けて惜しくないコンナものは残つた」――「コンナもの」とは一体何かというと、軍神広瀬中佐の像なのです。NHKで『坂の上の雲』が放送されていますが、日露戦争の軍神・広瀬武夫と杉野孫七の像がここにあり、それに対してのコメントなんですね。いかにも寺田寅彦らしいといえます。

こういったコメントの脇に、例えば「此種の建物は地震に助かつたのが火事で中がスッカリやけた　ミカゲ石がみんなやけてボロボロにはじけて居る」と書きつけられています。現象的なところをしっかり見ているわけです。その一方で、「男はシヤツと股引ばかり、女

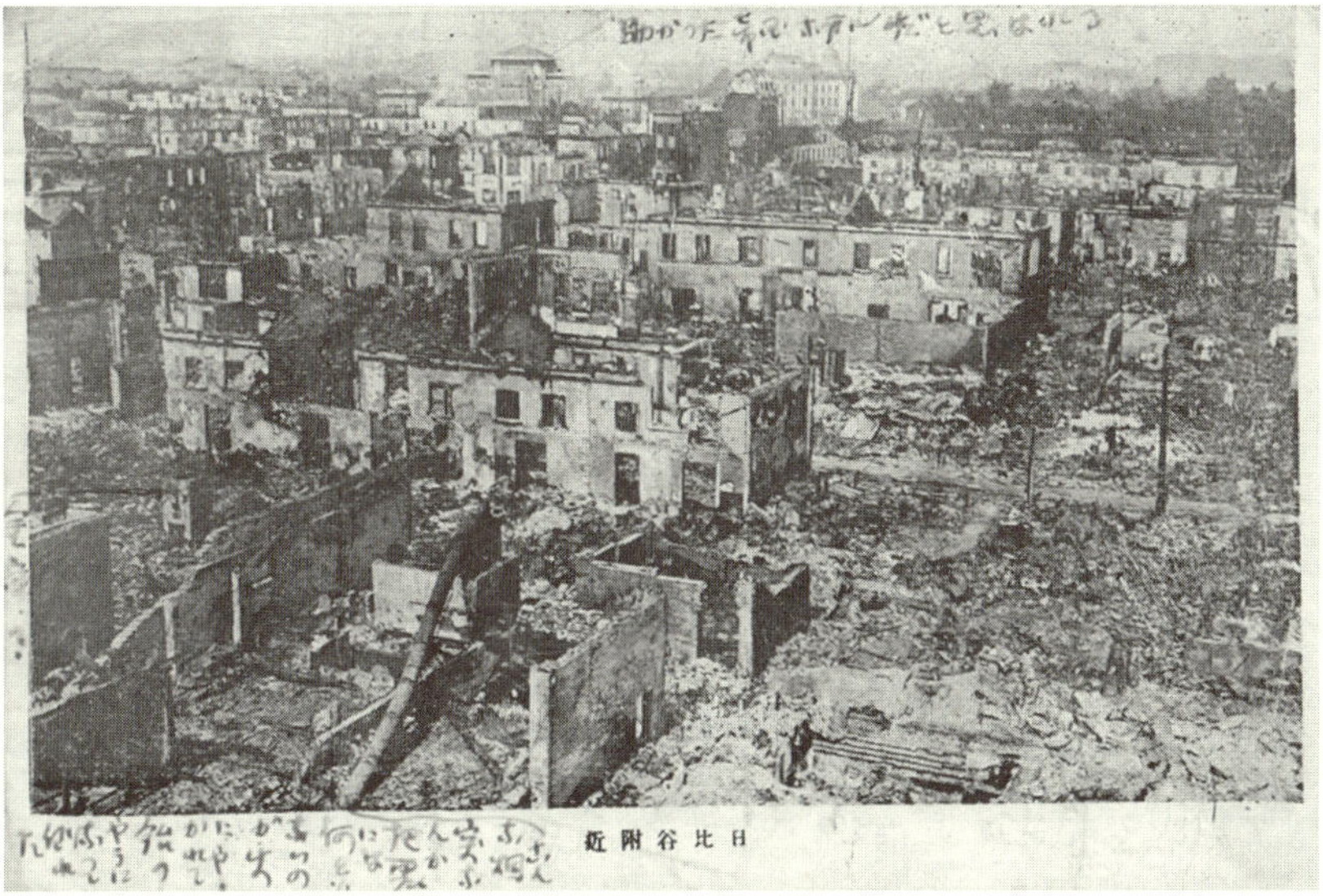

写真２　日比谷付近

は尻端折に手拭をかぶつて歩いた、当り前の風をしたのは却つて変に見えた」とあります。震災当時、人々がどういう服装でどんな行動をしていたかという記録として貴重なものでしょう。

写真２　これは日比谷付近ですね。煙突が横倒しになっています。「こんな烟突なんか地震には何ともないのが火にやかれて飴のやうになつて倒れた」と書いています。このはがきは前の写真のはがきと同じ十月二十日に送っています。ですから自分の近況報告のために書かれたのではないのは明らかです。寅彦自身の気持ちの昂ぶりも感じられます。

写真３は神田橋。寺田寅彦がこの写真で注目しているのは、災害時の工兵の様子です。「水道管の上の架橋は一列にしか歩けない」と書いてあります。人が歩いていま

写真３　神田橋付近

す。これは工兵で、今でいうと自衛隊になるでしょうか。「工兵の働きは大したものでした」と感想が書きとめられています。このはがきも同じ十月二十日に送ったものです。

今、三枚の震災絵はがきを見ていただきましたが、関東大震災だとおことわりしなければ、もしかしたら先の戦争のときの写真といっても通じてしまうかも知れません。あるいは、阪神淡路大震災や今回の東日本大震災の新聞報道でたびたび載った被災地の風景とも非常に近いものがあります。言わばこれは、カタストロフの風景です。こういった映像は戦後われわれの日常のなかから、ある意味で巧妙に遠ざけられてきました。戦後の復興は、残像としてあるカタストロフを封印することで築かれてきたともいえるでしょう。

寺田寅彦は、「げじげじとしらみ」という少年時代の想い出を綴った随筆のなかで、教育には二面があると言っています。「美的教育」と「グロテスク教育」――整然とした秩序や倫理感に基づく「美的教育」の一方で、教科書には絶対に載らないような不条理で不可解、グロテスクなものにも教育的な意義があるというのです。当時の震災絵はがきでは人々の死体がそのまま写っているような絵はがきも売られていたといいます。これも、いわば一種の「グロテスク教育」の一つであったかもしれません。東日本大震災以降、われわれも意識下に封印してきたカタストロフの風景を、メディアを通じて何度もくり返し見てきました。これによって、自分の身近にありながら気づかないでいた「危機」を初めてとらえることができた。言い換えるなら、今回の震災を通じて私たちは（苛酷なかたちではありますが）「グロテスク教育」をあらためて受けることになったと言えるかもしれません。

三、高知の懲毖《ちょうひ》・命山

寺田寅彦の出身地である高知は、たびたび南海地震と大津波に襲われています。そのため、三陸海岸と同様に、沿岸部の各所に津波の記憶が石碑のかたちで残されています。写真4は、海岸から百メートルほどのところにある飛鳥神社の安政地震の碑です（高知県香南市赤岡）。「懲毖《ちょうひ》」と書かれています。見慣れない字ですが、「懲りて慎む」という意味をもつのだそうです。一八五八（安政五）年に建てられた二メートルほどの高さのある碑です。「諺《ことわざ》に油断大敵とハ深意あることにて仮初《かりそめ》ニおもふべからず安政元寅年十一月の事なりき……」と安政地震の津波のことを

写真4　懲　　毖

書いています。――

「抑《そもそも》宝永四年の大變ハ今をさること百四十八年になりぬれハ又か丶る年数にハ必變事の出《いで》こんなといふ人もありなめと世變はいつあらん事豫《あらかじ》めしりがたしされど常ニ苑《とも》あらん時は角《かく》と用心せハ今其の變にあひても狼狽せざるべし今の人々寶永の變を昔ばなしの如くおもひて既に油断の大敵にあひぬさるによりて後世の人々今の變事を又昔咄の如くおもひて油断の患《うれひ》なからしめんためことのよしを石ニゑりて此御社と共に動きなく萬歳の後に傳へん」

二〇一一年は、安政の南海地震から百五十七年目に当たっていました。高知には三陸ほど大き

写真５　命山の碑

い津波は来ませんでしたが、この石碑はそのまま今回の災害を予言していたような印象があります。

もう一つの石碑は、小山の頂に建てられています。**写真５** この山は今の飛鳥神社の隣町、夜須町にある観音山で、地元では通称「命山」と呼んでいます。地震につづいて津波に襲われたとき、村人みんながここに逃げて命が助かったということから、以来「命山」と呼ばれるようになったということです。いまも地元では津波の緊急避難地に指定されています。この山は標高が二十七メートルありますので、上り坂はかなりの角度がある急斜面です。その山頂の藪をかき分けたところに、石碑があります。これも安政年間の碑ですが、津波のことが書いてあります。――「実ニ當山は命山と永賞致す也。二番波少し波間有之、其時大汐沖へ引き取る事二三十町ばかり夫《それ》より三番波狂之五ツ時打入り一度に家藏流失致す跡白濱と相なり目も當てられぬ如く也……天変有間式事《あるまじきこと》はかりがたく宝物家ニ残す共再び我家に帰るべからず、必ず〱是肝要なり」といった碑文が刻まれています。ただ、この碑文を実際に見るためには、急坂を登り蜘蛛の巣を何度もかき分けねばなりませんでした。寅彦が「津浪と人間」の末尾に附した「追記」の記述、二つに折れて全く読めなくなった石碑や、淋《さび》れた旧道の傍らに忘れられた記念碑などを思い出しました。標高二十七メートル。ここから俯瞰する風景は、今回の東日本大震災の被災地の映像ともよく似ています。沖の方まで見渡せるかなり高いところにあったという印象がありますが、すぐ足下まで津波が来たようです。

実は私が現在住んでいる南国市の沿岸部にも、かつて「命山」あるいは「宝山」と呼ばれた山がありました。江戸期の津波の際にたびたび人々の命を救った「室岡山《むろおかやま》」という小高い丘のことだそうですが、一九四三（昭和十八）年頃、飛行場にするために海軍航空隊が爆破、山は跡形もなく消滅してしまいました。現在の高知龍馬空港の滑走路付近に山はあったということです。「命山」と呼んだ山さえその有り難みを忘れて爆破してしまう、これも、人間の傲慢さや寅彦のいう「健忘症」の一つの証左といえるかもしれません。

先ほどの「懲毖」の碑文の前段がそうですが、考えてみればこれは「天災は忘れた頃にやって来る」ということを語り伝えた文だといえます。いまご紹介した赤岡や夜須の近在には、寺田寅彦の親戚たちも住んでいました。寅彦自身、「両親が昔安政の地震に遭難した実話を、子供の時から聞かされていた」（「こわいものの征服」）と語っています。「天災は忘れた頃にやって来る」という警句は、寅彦個人の言葉というよりも、やはり度重なる自然災害に見舞われてきた日本という風土に記憶され、何代にもわたって語り伝えられてきた言葉なのだろうと思います。そして、それが天災があるたびに、「寺田寅彦」という存在を通して思い起こされるのでしょう。

一九三三（昭和八）年三月三日の「昭和三陸大津波」の直後に書かれた「津浪と人間」という文章のなかで、寅彦は先ほど柴山先生が話されたのと同じようなことを言っています。「こんなに度々繰返される自然現象ならば、当該地方の住民は、とうの昔に何かしら相当な対策を考えてこれに備え、災害を未然に防ぐことが出来ていてもよさそうに思われる。これは、この際誰しもそう思うことであろうが、それが実際はなかなかそうならないというのがこの人間界の人間的自然現象であるように見える」――天災を「人間界の人間的自然現象」であるととらえているところが、いかにも寅彦らしいところだと思います。それを未然に防ぐことができず、被害を大きくしてしまうのは、あくまでも人間側の問題、「人間的自然現象」だというのです。今回の震災に際しても「想定外」という言葉を何度か耳にしましたが、おそらく寺田寅彦がこの言葉を聞いたなら、即座に「科学者の怠慢である」と言うでしょう。

四、「予測がつかない」未来と「取り返しがつかない」過去

高知からここに来る途上、私は一冊の本を読んできました。宮崎駿監督が岩波新書から出した『本へのとびら――岩波少年文庫を語る』という本です。少年文庫が自分の想像力の原点だと語

表1　寺田寅彦年譜（関東大震災前・厄年前後）

大正5年5月	震災予防調査会委員になる。〔39歳〕
11月	東京帝国大学教授。
12月9日	夏目漱石死去。（寅彦も胃潰瘍で病臥）
大正6年1月	「時の観念とエントロピー並びにプロバビリティ」発表。〔40歳〕
7月	帝国学士院恩賜賞。
10月	二度目の妻・寛子の死去（享年33歳）
大正8年12月	研究室で胃潰瘍のため喀血，入院。〔42歳〕
大正9年	大学を休んで静養。辞職を考える。〔43歳〕 「吉村冬彦」の名で随筆を書き始める。
大正10年4月	「厄年と etc.」発表〔44歳〕
大正12年3月	小宮豊隆の洋行を東京駅に見送る（小宮は大正13年10月帰国）
9月1日	上野で関東大震災に遭難。〔46歳〕

る宮崎駿は、石井桃子の言葉を引いて、児童文学の特徴を「やり直しがきく話である」と簡潔に述べています。

児童文学の世界で魔法やファンタジーというものが重要な役割を果たすのも、やはりこの「やり直しがきく」ということと深く関わっているのだと思います。言い換えるなら、「やり直しがきかない」ということを知ることが「大人になる」ということなのかもしれません。「取り返しがつかない過去」というものをどのような形で引き受けてゆくかということは、文学が一貫して扱ってきた大きなテーマといえます。文学だけでなく、寺田寅彦が物理学のなかで追求したのも、この一回性の問題、取り返しのつかないこと、というテーマであったように思います。

「取り返しのつかない」体験の第一として、私たちがすぐに思い浮かべるのは、肉親をはじめとする親しい人々との死別です。寺田寅彦も、震災の前、四十歳前後の「厄年」といわれる時期に、親しい人との別れを体験しています。

年譜を見ていただきましょう。寅彦が震災予防調査会の委員になるのは大正五年で三九歳の時です。この年の十一月、帝大教授になるのとほぼ時を同じくして、熊本五高時代以来の恩師である夏目漱石を十二月九日に喪います。寅彦自身も、同じ十二月三日に胃潰瘍で絶対安静を要するという診断を受けていましたので、漱石の臨終に立ち会うことはできませんでした。正岡子規の五月がそうであったように、寅彦にとって十二月というのは「厄月」で、このあと大正八年十二月にも研究室でふたたび喀血し、入院。翌年、大学を休んで静養することになります。また、命日も昭和十年十二月三十一日、大晦日の日でした。

漱石の亡くなった翌年、大正六年秋には二度目の妻寛子《ゆたこ》を亡くしています。寛子は身重の状態で、寅彦の悲しみは一入であったといいます。ちょうど震災前の五年ばかりの時期、寅彦の人生にとって最も大きな危機があったといっていいでしょう。

夏目漱石が亡くなった直後に寅彦が書いた文章があります。「時の観念とエントロピー並びにプロパビリティ」——物理学的な内容のものですが、そのなかで次のように語っています。「ある学者の考えているように森羅万象をことごとく有限な方程式に盛って、あらゆる抽象前提なしに現象を確実に予言することは不可能であって、それゆえにこそ公算論の成立する余地が存している。（中略）未来は『であろう』ですなわちプロパビリティのみである。この宇宙系のプロパビリティの流れはすなわちエントロピーの流れで、すなわち吾人の直感する不可逆な時の流れではあるまいか」——未来をすべて単純な方程式のようなもので予見することができるというのは、いわゆる「ラプラスの悪魔」として知られる考え方です。これに対して寅彦は、明確にNOと言っています。未来は「プロパビリティのみ」であって予測がつかない。しかも、一回起きてしまったことは「取り返しがつかない」――このような時の不可逆性・一回性の認識が、寺田寅彦の学問の原点にはあり、文学的な出発点ともなっているように思います。親しい人々との別れというものはいつかやって来るものであり、誰しも避けることができない。だからこそ、「思い出すこと」、「忘れないでいること」の大切さを寅彦はくり返し説いたのではないかと思うのです。

例えば、初期の「団栗」という作品は、寅彦が二十五歳のときに亡くなった最初の妻夏子さんの思い出を書いたものです。ほかにも「夏目漱石先生の追憶」「田丸先生の追憶」「子規の追憶」「庭の追憶」「追憶の冬夜」など、寅彦には「追憶」「回想」という形の文章がたいへん多くあります。私たちは自然災害や死というものが来ることに対して、抗うことはできない。しかし、くり返し思い出すことで「忘れないでいること」はできるということです。それを完全に防ぐことはできない。けれども「忘れないでいること」によって、予想し、備えることはできるというのが、寺田寅彦の立場です。これは諦めてしまうこととは違う。忘れない、上手に思い出すにはどうしたらいいか。そこに教育とリテラシーの問題も出てくるのです。

五、語り伝える力

そのなかで寺田寅彦が特に重視したのは、人々の「語り伝える力」だと思います。

寅彦には身近な化け物や自然の不思議について語った、「化け物もの」とでもいうべき魅力的な作品系列があります。「化物の進化」や「怪異考」「重兵衛さんの一家」といった作品です。寅彦は、明治近代になって化け物は姿を消したとされているが、それは形を変えた（進化した）だけで、化け物自体はいなくなっていないし、私たちの身のまわりの不思議が消えたわけではまったくないと語っています。――「あらゆる化物に関する貴重な『事実』をすべて迷信という言葉で抹殺する事がすなわち科学の目的であり手柄でもあるかのような誤解を生ずるようになった。これこそ『科学に対する迷信』でなくて何であろう。科学の目的は実に化物を捜し出す事なのである。この世界がいかに多くの化物によって充たされているかを教える事である。」（「化物の進化」）また、次のようにも言っています。「科学はやはり不思議を殺すものでなくて、不思議を生み出すものである。」（「宇宙線」）

　近代科学の目を手に入れた私たちは、ともすればその知識を信じこみ、自分の目や感性で自然の神秘をとらえることの大切さを忘れてしまい、それを伝える力を失いつつあるといえるかもしれません。今回の福島第一原発の事故で、われわれの身のまわりに、目に見えないかたちでセシウムやストロンチウムという言葉が飛び交いました。明治以前ならば、このセシウム、ストロンチウムという放射能は姿形を備えた一種の「化け物」として語られると思います。無機質なカタカナの元素名でなく、巷間で語られるときには、少なくともなんらかのかたちで化け物化されていたと思うのです。セシウムという妖怪は、濡れた木の葉の陰に隠れているぞというように。

　例えば雷とか河童などでも、「お腹を出していると臍をとられるぞ」「盆には水に入るなよ」という、この時にこういうことをしてはいけないよという禁忌と抱き合わせた形で語られます。しかし、語る言葉をもたない、自然の脅威を化け物化することができない、われわれは、それらを対象化することもできていません。想像力を喚起する言葉を持っていないということが、得体の知れなさを倍加させているように思います。

寅彦は天災を「人間的自然現象」であると見ていました。人間が関わっているから、どうしても経験の記憶が弱くなる。くり返し語られるにもかかわらず、すっかり忘れてしまうという「健忘症」になる。もっとも、災害が来ることを忘れているから、われわれは日々を安閑として無事に過ごしていけるのかもしれない。

いくら警告を発しても、人間の本性はなかなか変わらない。晩年の寅彦はそこに無力感のようなものも感じていたようです。――「震災や火災や風水害に関する科学的常識とこれに対する平生の心得といったようなものを小学校の教科書に入れるということは、日本のような国では実に必要なことである。これはほとんど『問題にならぬ』ほど明白なことだと思われるのに、これがどういう訳だか一向に実行されないで時々『問題になる』ようである。……児童教育より前にやはり大人であるところの教育者並びに教育のことを司る為政者を教育するのが肝要かも知れない。」（「無題」一〇一）没後に発表された文章のなかにある言葉です。

ただ、こうしたシニシズムを超えるチャンスが、東日本大震災の後のわれわれにはあると思います。まず各人が、震災のことを「忘れない」で次の世代に語り伝える言葉をもつことが大切でしょう。そして、そこから新しいエネルギーの未来というものを考える、文明のあらたな展開というものを視野に入れて防災問題を考えていく、そういう機に来ているのかもしれません。

六、災難教育

最後に、寅彦のいわば「災難教育」とも呼ぶべき文章を見てみたいと思います。寅彦は一九三五（昭和十）年十二月三十一日に亡くなります。この昭和十年の秋以降、ほとんど寝たきりの状態なのですが、そのなかで書き継いだ文章は、やはり未来の日本人への遺言とでもいうべきものです。

「災難雑考」が昭和十年七月に発表されています。「日本の国土全体が一つのつり橋の上にかかっているようなもので、しかも、そのつり橋の鋼索があすにも断たれるかもしれないというかなりな可能性を前に控えているような気がしないわけには行かない」これは震災翌日（三月十二日）の「天声人語」にも引かれて有名になった一文です。この後につづいて次のような一節があります。「しかし、『地震の現象』と『地震による災害』とは区別して考えなければならない。現象のほうは人間の力でどうにもならなくても『災害』のほうは注意次第でどんなにでも軽減されうる可能性があるのである」――先ほど柴山先生からお話があった「減災」の考え方とも通じるところだと思います。さらに、その後で、「日本人を日本人にしたのは実は学校でも文部省でもなくて、神代から今日まで根気よく続けられて来たこの災難教育であったかもしれない」とも言っています。同年十月発表の「日本人の自然観」のなかでは、生命を育む「母なる大地」としての自然と厳しい天災の鞭をふるう「厳父」としての自然、この二つがあってはじめて「人間の最高文化」というものが発達するのだと語っています。

浅間山の爆発を扱った「小爆発二件」は、死の前月に発表された文字通り遺作と呼んでいい文章ですが、寅彦はそのなかで、「ものを怖がらな過ぎたり、怖がり過ぎたりするのはやさしいが、正当に怖がることはなかなか六かしいことだと思われた」と記しています。この「正当に怖がる」という点がたいへん重要なところです。怖がりすぎてもいけないし、安心しすぎてもいけない、両面をしっかりと見て、そのなかで適切に判断していく。その間に立って考えるということが非常に難しい。この間というものは、寺田寅彦にとってはやはり〈言葉〉の領域であり、随筆の世界に反映されたものであったろうと思います。

今日の現状を見て、日本人は相変わらずの「健忘症」だと寅彦は歎くかもしれない。しかし、寅彦は決して無常観に浸るだけの人ではありませんでした。天災に際して、ともすれば抱きがちなこの「諦め」をどう越えてゆくか、それは今日を生きる私たちに課せられた課題だといえるでしょう。

寺田寅彦を忘れた時、その時は私たちがあらたな危機に面したときなのかもしれません。寅彦をくり返し「思い出すこと」、その言葉を「忘れないでいること」が大切なのだと思います。

ご静聴、ありがとうございました。

災害後の子どもの心のケア

早稲田大学教育・総合科学学術院教授　本田　恵子

一、はじめに

私の震災との関わりは、三月十一日からずっと続いています。それ以前から、少年院や保護観察の少年たちのアンガーマネジメントを実践していたので、宮城県の保護司の方たちとのつながりがありました。その方たちからＳＯＳが入ったのが始まりです。でも、交通は遮断されすぐに行けない状況だったので、とにかく状況を伝えてもらい、ＳＯＳがあったお子さんや家族からの電話相談をすることからスタートしました。併行して、私の研究会が作成した子どもの心の応急処置を説明したウェブサイトへのアクセスが増えました。これは、ニューヨークの同時多発テロの時につくられた、子どもたちの年齢別に緊急対応してＰＴＳＤを予防する方法や、支援者の燃え尽きを予防する方法等が紹介されているものです。そのページを見た現地の方たちからの問い合わせがあり、交通が回復した段階で地区で集会を開き、具体的に子どもへの対応について紹介しながら、個別の相談に乗ったりしていました。また、学校が再開して一カ月くらいからは、先生方の疲労が出てきました。教育委員会の方からは、先生方のケアが必要であるが、先生方はなかなか休もうとしないのでどうするのがよいのだろうという相談を受け、「子どもの心のケア」

の研修会を各地を訪問して開催するなかで、先生自身の身体や心のケアについてもお伝えしてゆく方法をとることにしました。研修会の後は、個別の相談の時間を設けたり、アンケートに相談を書いてもらってその後のフォローをしてゆくという形をとりました。

二、心のケアの三段階

では、子どもの心のケアをどのように進めるかについて説明します。ケアは大きく三段階に分かれます。まず、当日から一週間の間は物理的な安全の確保が最優先の状況です。第二段階は、一から三週間の間で心の健康な部分を育てる時期です。第三段階は、長期的なケアへの計画を立ててゆく段階です。

今回の震災では第一段階に時間がかかりました。地震と津波で家が流されたので衣食住すべてが脅かされました。着の身着のままで逃げましたから、夜の寒さは尋常ではありませんし、ライフラインも復活までに時間がかかりました。電話は通じず、正しい情報を得ることができなかったためです。助かった子どもたちは真っ暗闇の中で大変な一夜を過ごしたのです。停電で電気が一切ありません。山の上に逃げた子どもたちに見えるのは真っ暗闇だったり、燃えている川や家の炎が頭に焼き付いた子もいます。寒さ、暗闇、家が燃える音、周りの大人たちも不安がって眠れないまま、不安な声を聞きながら一晩過ごしたという子どもたちです。翌日明るくなってから指定の避難所に行ったようですが、そこからようやく物理的な安全の確保や衣食住の環境の調整が始まりました。

Ⅰ　災害時のこころの動きと回復の流れ

第一段階：事件・事故・災害の発生直後（物理的な安全を確保し，衣・食・住環境の安定を図る時期）当日～１週間

☆　安全な場所，安心できる空間をつくる

☆　急性のストレス症状へのケア

第二段階：１～３週間（日常生活のペースを整え，健康な部分を育てる時期）

☆　勉強，遊び，手伝いなど規則的な生活環境を整える

第三段階：１か月～長期的ケア（新しい生活に適応する支援をする時期）

☆　これからの生活についての具体的な見通しをつける

☆　PTSDや新しい生活への適応障害へのケア

ところがここで一つ問題がありました。学校でも避難所に指定されているところとされていないところがあり、指定されていないところには食糧や毛布などの備蓄品がないのです。指定避難所ではないところにもどんどん人が来るのですが、備蓄がないので対応ができません。「何でここには、おにぎりがないんだ」「毛布を置いていないのか」という声を受けながら、先生方は対応しなければいけませんでした。では、近くの避難所指定されている学校から食料をわけてもらえるかというと、そうはいきませんでした。指定の避難場所にも一日目は何も来ませんから、最低三日間は自分たちで持ちこたえるものを備蓄していなければいけないのです。

アルファ米も一応水で戻して食べられることになっていますが、実際は水ではとても食べられなかったそうです。たき火でお湯を沸かしたら食べやすくなったそうですが、それまで予行をしているわけではありません。万一に備えて買ってはありますが、アルファ米の炊き方などは避難訓練ではなかなかやらないのです。給水塔のバルブの開け方も苦労したそうです。開け方を誰も知らないのです。誰かが学んでいるはずなのですが、その方がいなければどうやって開けたらいいのか、鍵はどこにあるのかも分からないままになって

しまいます。水が出ないとトイレに困ります。このようななかで避難所の運営が始まりました。

　現実を検討する力が育っている子どもたちは何が起きているかが分かり見通しが効くのですが、二〜三歳の乳幼児から幼稚園の五〜六歳までの間の子どもは何が起こったのか分からず、いつまで続くのかも分かりません。子どもにとっては、暗闇や先の見通しのつかない状況での「心理的な時間」は長く感じられます。このときの不安な体験から、後になって水が全てこわくなってお風呂に入れない、一人になるのが不安でトイレに行けないという状況が出てきます。幼児と、認知力が下がっている認知症のご老人の方たちで、シャワーが浴びられないという方が多かったようです。

　第二段階は、一〜三週間の間です。この間はいろいろな急性ストレス症状といって、眠れない、地震や津波のフラッシュバック、不安が強くなるという症状が出やすくなります。早く忘れたいので「乖離」を起こすこともあります。これらは非常に強いショックを受けた場合に出る自然な反応です。事件・事故だけではなく、成績が落ちたり、失恋のショックから似たような症状を出すこともあります。「もう学校に行けません」「何もやる気がなくなりました」などは、大きな喪失体験をすると出やすい症状です。

　第二段階では、避難所の運営が安定し始めたので、日常生活のペースを整えることが大切でした。子どもの回復のためには、できるだけ早く学校を再開するのが鉄則です。非日常の生活が長ければ長いほど、不安が強くなって回復が遅くなってしまうからです。危機介入における応急処置は七十二時間以内に終わらせるべきであると言われており、四日目からは学校再開ができるとその後の回復も良いと言われます。しかし、今回の震災では、そんなに早く再開はできませんので、子どもたちの起床時間、勉強時間、遊びの時間、お手伝いの時間等を大まかに決めて、できるだけ学校の生活時間に合わせて過ごすことが大切です。子どもたちにもいろいろな役割があれば、張り切って動きます。この時期は心身の健康な部分を育てていくことが大事です。例えば、普通のけがでもある程度基礎体力がある人は治りが早いように、心にも基礎体力をつけなければいけないのです。そのためには子どもたちには、遊ばせる、笑わせる、元気に走らせるということが大切です。避難所の中にも子どもが安心して遊べる場所を作ることが大切になりますが、体育館や教室では大勢がいっしょに生活しますから、親御さんたちは子どもに「静かにしなさい」と周囲に気をつかわなければなりませんでした。こんなときに、中学生や高校生が子どもたちを遊ばせてくれましたし、自衛隊員たちも子どもにお菓子を配ったり、手があいたらいっしょに遊んでくれたそうです。自衛隊の方たちの働きはあまり報道されませんが、地元の方たちは本当に感謝しています。仙台空港付近では自衛隊がすぐにヘリコプターを飛ばして「津波だ、避難しろ」と今までにないような低空飛行で危険を知らせてみんなを逃がしてくれたそうです。避難所にお風呂を焚きに来てくれたりガレキの撤去をしたり、遺体の捜索にも自衛隊が尽力しました。

親御さんは親族を探すためにあちこち回っていました。子どもたちもその中でさまざまつらい出来事に遭遇してしまいます。遺体を目撃することもありますし、泥にはまって出られなくなっている動物を見かけることもあります。子どもたちはもがいている動物を助けられない無力感を感じながらこの間過ごしました。ですから、自分が住んでいた場所を見に行きたくないという子もいれば、積極的に自分の親を探しに行く子たちもいました。つらい体験をして避難所に帰って来たときには、とにかく元気なところを育てることが必要でした。先生たちやボランティアで現地を訪問できる学生さんには、どんどん遊ばせてくださいとお願いしました。

また、この時期は「子どもたちに何をしてあげたらいいですか?」という相談が多くありました。「絵を描かせてもいいのか」、「自分の体験を話し出したら話させてもいいのか」、「津波ごっこをしているけれど、やらせていていいのか」等です。親御さんからの相談には、子どもは遊びを通して自分の気持ちを表現したり、何かを伝えようとするので、しっかり見守ってあげるようお願いしましたが、この時期、避難所で取材をする記者の方からの相談が増えました。取材で現地に来ているのですが、現状を見ると何をどう報道したらいいのか途方に暮れる方が多かったのです。どこかの局がPTSDについて報道すると、追いかけるように質問が寄せられました。記者自身が被災していて、見通しが立たなくなっていたようです。子どもたちは記者たちと遊びたがるのですが、記者たちは何も持っていない、道具がないと遊べないという場合もあります。子どもたちはみんな携帯ゲーム機などを持っていましたが、全部流されました。たまたま自分の家にパソコンとテレビが残っており、電源車が来たのでつなげてやろうとして、怒られた子どももいました。三週を過ぎてくると、そのぐらい元気になってきていたのです。そこで、道具がなくても遊べる遊びをあつめた「みんなで遊ぼう」という遊びのブログを学生に立ち上げてもらいました。後で登壇する鴨川君のページです。室内でも達成感がある遊びや、親子の触れ合い遊びなど、被災地だけではなく、別の土地に避難した家族もおもちゃがない時期でしたので喜んでいただけたようでした。

ケアの最後は、一カ月がすぎた頃からの長期的対応です。このころからPTSD（心的外傷後ストレス障害）が出始めます。ちょうど四月七日にかなり大きな余震が来ました。宮城の場合、先生の赴任の関係で新しい学校に変わるのが四月七日だったので、新しい学校に行った途端に大きな余震が起きました。子どもたちも、新しい先生との間でどう対応するかという時期でしたが、この時期から五月にかけてPTSDの相談が数多く寄せられました。

PTSDを発症したのはやはり幼児が多いです。この時期、雨の日が多かったのですが、雨音が津波の音に聞こえて子どもが怖がってしがみついてくるという例もありました。また、この時期から四、五十代の方たちで、自分は高台に避難したが目の前を流れていった方たちの顔が思い浮かぶ、「助けて」という声が幻聴のように聞こえてくるという例もありました。亡くなってしまった自分の孫の顔が思い浮かぶとか、助けられなかったおばあちゃんの顔が思い浮かぶという症状を、この一カ月目ぐらいの時期から大変多く聞きました。PTSDケアには危機介入の手法を講じ、医療につなげる必要があります。そのためできるだけ現場を回りながら、いろいろなご相談に乗っていくようにしていた時期でした。また新しい生活に対応する時期でもあるので、仮設住宅でのコミュニティの作り方や、避難所でどう自分たちの生活を立て直していくかという長期的な計画を考える方が増えました。これは、家を再建するという以前の課題です。福島県内では原発事故で帰れない地域ができてしまいましたし、宮城県でも地盤沈下でもう家を建てられないという地域がたくさんあります。まだ法律が追いつかない状態でしたので、瓦礫の撤去にしても、どの地区の家を再建していいのか等も決まりません。自分の家の場所をどうやって確保するか、行政の動きに時間がかかり長期計画が立たない時期でした。

細川先生がお話になった寺田寅彦の言葉で言えばまさに不可逆な時の流れに、いろいろなところで直面しているわけです。眠って目が覚めたら以前の町にもどっていたらいいのに、ということばをよく耳にしました。

喪失体験が強い方の中には、何もなくなった土地を毎日見ている方も少なくありません。そのとき少しずつ自然が変わってきているとか、瓦礫が減っているとか、そういうプラスの変化、現実の変化を見られればいいのですが、目の前の風景を見ながらも、頭に描いているのは実は過去の幸せだったときの映像なのです。このギャップの激しさが鬱を悪化させます。自死の危険性が高かった時期です。

十月に取った宮城県の教員の健康調査で、回答者（回答率約二十五％）のうち約七十％が軽度の鬱という報告があります。これはかなり高い割合です。多くの先生方が自分の家よりも学校のために活動していました。支援をしている方たち自身が疲労してストレス状態を悪化させることをＣＩＳと呼びます。長期のケアをする中では、支援者が健康であることが大切になります。

三、ＰＴＳＤとは何か？

ここでＰＴＳＤのメカニズムについてお話したいと思います。ＰＴＳＤの症状はフラッシュバック、恐怖・苦痛から逃れるための行動、解離症状、記憶の障害などがあります。あまりにも辛い思いをしたので、脳の中で記憶が正常に動かない状況になってしまうのです。そういう症状が出る方と出ない方の違いは何かを説明します。

衝撃を受けた場合、現実を検討し思考力を司る前頭葉がしっかり働いている場合は衝撃を受け止められます。全体像をとらえられ、かつこれからどうなるのかという見通しが立つと落ち着くからです。その結果何が起きているかを理解し、適切な行動ができ、応急処置もできて自分でコントロールができます。大事なのはコントロール感です。

事件、事故が起きたときに「もうだめだ」と思った方のほうがＰＴＳＤの発症率が高く、女性のほうが起きやすいことが統計調査の結果で出ています。男性のほうが現実検討というか、客観的な左脳がよく動くようです。情報を取り入れる段階で混乱すると、取り込んだ記憶が断片的になります。例えばにおいだけとか音だけで、そこだけが過大に記憶されますから、似た状況があると引き金になって恐怖の体験のフラッシュバックが起こるのです。

ここで、脳の映像からＰＴＳＤがどのように発症するかをＮＨＫ特集のＶＴＲから見てみましょう。

「ＰＴＳＤについて研究しているイエール大学のグループは、ＰＴＳＤに悩む方の脳を継続的に調べています。ＰＥＴと呼ばれる、脳の中でどの部分にどれだけの血液が流れているかを調べる装置があります。研究グループは患者さんに三種類のにおいをかがせました。その結果特定のにおいをかいだときに脳に大きな変化が現れることがわかりました。ＰＥＴで血液の流れを見ますと血液の流れが減り、前頭葉の活動が低下していることがわかりました。前頭葉は理性をつかさどり、不安や恐怖など本能的な感情にブレーキをかける部分です。普通の状態で映画の暴力シーンを見ても恐怖を感じないのは、前頭葉が状況を分析し、恐れる必要がないと判断しているからです。しかし、前頭葉が働かないとこうした判断ができません。映画の世界であるにもかかわらず、暴力が目の前で起きていると錯覚してしまい本能的な恐怖を抑えられないのです。

不安や恐怖など、人間の本能的な感情は脳の中心部、扁桃体と呼ばれる部分がつくり出します。例えば暴力を目の前にすると、この扁桃体が興奮し、脳内にＣＲＦと呼ばれるホルモンが分泌されます。このＣＲＦが恐怖や不安の感情を生み出すきっかけとなります。一方、前頭葉は理性的な判断をもとに、扁桃体の興奮にブレーキをかける役割を果たしています。暴力を目にしても、それが映画なら恐れる必要はないという指令を発し、ＣＲＦの分泌を抑えます。ＰＴＳＤの患者はこの前頭葉の働きが低下し、過去のできごとと現実とを区別できなくなっているというのがグレムナー博士の仮説です。」

ＰＴＳＤの対応を考える場合、実際に脳が傷ついているのだということを理解していただきたいのです。脳はある一部のところが動かなくなってくると、そこに神経がつながらなくなってしまうので、早期に対応しないとダメージが大きくなります。

四、子どもの反応とその対応

震災などの大きなものでなくても、強いショックを受けたときには、身体、行動、気持ちに反応が生じます。言葉が発達している方は、先ほど見たように自分に起きたことを言葉で整理できますが、言葉が発達していない幼児は、何が起こったかを映像や音など感覚で理解するしかないのです。反応は体や行動、気持ちなどに出やすくなります。お子さんを見ていて、身体的な症状が出始めたときは、周囲が理解して対応する必要があります。

一つ目の身体反応を訴えてきたときは、まず「どこが痛いのか」をきちんと見てあげてください。不登校の子どもなどでも同じです。どこが痛いのか、いつ痛いのか、どんなことがあると痛いのかを聞くと、試験の前にとか宿題をやらなきゃいけないときとか、部活に行かなきゃと思うときとかいうことが分かってきます。「この痛みは自分を責めているのかな」とか、「頭が重たくなるというのは負担感があるのか」とか、言葉にして周りが理解してあげることが大切です。分かってもらえたと思うと体の症状が減るのです。

同時に大事なことは、具体的な安心感を与えることです。根拠のない安心感ではなく、例えば雨音のフラッシュバックの場合でも、外を見せてそれが雨だと確認させて、確認できたら次に天気予報で、どのぐらいの長さで雨が降るのかを見せてあげます。具体的な安心感を与えることで、体の反応を減らすことがとても大事なのです。

その他の行動として、閉じこもり、衝動的な行動、また他の人にまとわりつくという症状が見られることがあります。よく出たのがちょっとした余震が起きたときでした。揺れるたびに素早くこたつの下に入ったり、高いところに上ったりする子もいました。子どもたちは反射的にいろいろな衝動行動をしてしまうことがあります。揺れが収まったら震度を確認して、前の震度とは違うから大丈夫ということを具体的に数字で見せて、地震があった場合には余震が一日に何回ぐらいあるけれども、今日は昨日よりも減っていると、具体的に数値で見せると落ち着きます。

二つ目の行動の反応には二つぐらいのパターンがあります。頑張って活動してしまう子どもと、心配で引きこもって親にまとわりつく子がいます。真ん中で受け止めるのは難しいとまさに寺田寅彦が言っていたとおりで、現実をありのままに受け止めることができません。大人でも同様です。適切に受け止めるのは実は大変難しいのです。それができるためには、健康なニュートラルな部分を常に育てていないといけないということになります。

三つ目が気持ちの反応で、感情のアップダウンがものすごく激しくなってしまうことがあります。この場合も日常生活の安定が大切です。大人の場合最も良くないのは、お酒を飲ませることです。鬱の方によくお酒を飲ませて励ましてしまう場合がありますが、一時元気になったようにみえても、後で落ち込んでしまいます。そこで自死が起こる場合もありますので、落ち込んでいるからといって励ますためにお酒を飲ませてはいけません。まず安心できる環境を作り、少しずつ楽しい刺激で、脳の中の安心とか安定とか愛情物質とも言われるセロトニンを出すようにしてゆきます。

不安が安心に代わってゆく様子を、子どもたちが描いた絵を例に説明します。例えば、真っ黒い津波の絵ばかりを描いてしまう五歳の男の子がいました。家が被災して山の中で一晩過ごしたので、翌日からこんな絵ばかり描き続けたのです。この子は自ら描いています。無理やり描かせてはだめなのです。無理やり描かせると描きたくないのに描かされるので、見たくないものを見ることになるからです。この子は自然に描き始めましたので、その後を追跡しました。はじめは真っ黒い津波の絵だったのですが、山に逃げるのを助けてくれた中学生のお姉ちゃんが自然に一緒に折り紙などで遊んでくれているうちに、明るい絵が描けるようになりました。

では、年齢別の対応について説明します。まず、幼児の不安への対応で大切なのは、漠然とした不安に対して具体的な対処をすることと、何が起きているかを分かりやすく見せたり伝えることです。実際に津波を体験した子ではなくても、影響が症状に出てくる場合があります。これから二〇一二年三月十一日に向けていろいろな報道が出てくると思うのですが、小さいお子さんがいる方はできるだけ映像を見せないでください。フラッシュバックを起こす可能性があるからです。事件や事故のテレビを見ていた時間が長い人ほど、ＰＴＳＤを起こしやすいのです。

小学校三年生ぐらいになると、大人に甘えるよりも自分はこれでよかったのかと悩む子が増えます。自我が生じてくるので、自立した行動をしたくなるためです。小学校三年生を教える先生が子どもたちに絵を通じていろいろな表現をさせた一冊の本があります。『ふくしまの子どもたちが描く。あのとき、きょう、みらい。』（徳間書店、二〇一一年）です。福島の子どもたちが他の地域の子どもたちと際だって違うのは、外に出られずストレスがものすごいことです。家はあるのに帰れない、町は壊れていないのに帰れない。何で戻れないのかといういらだちの中で、子どもたちがその思いをぶつけて描いているのです。

子どもたちがいらだちの中で描いた絵には、グロテスクな表現があるのが自然です。しかし、そういう鬱積した思いを出してあげないと、新しい芽が育ちません。それを受け止めるだけの器を周りの大人が持っていないといけないのです。この本の中には、いろんな怒りや悲しみ、どうにもならない気持ちが表現されています。流された家族、家。でも必死になって描くことで何とかしようとしているのです。

「もしもまほうが使えたら」というテーマで描いた絵では、「まほうが使えたら未来の町はどんな町にしたいか」を描かせていました。ある子どもは「みんなが楽しく過ごせる町だからシャボン玉をいっぱい描きました」と言っているのですが、描かれている時計は二時三十五分で止まっていました。過去の状況で幸せだった時間に戻ってほしいという願いを込めて描いているようでした。これを大人がどう受け止めてあげるのかが大切なのです。

一方で、子どもたちは強いなと思う絵もありました。津波に襲われながら、自分のお父さんは船を守るために船で沖に出た、その場面を描いたというのです。「大津波を乗り越えた強いお父さんです。」この子は、お父さんからそのときの様子を聞いたのでしょう。海を知っている人は津波が来ると大急ぎで船を沖に向かって出すそうです。この子のお父さんが乗り越えようとしている津波は真っ青で澄んだ色で描かれています。漁師さんたちは、瓦礫を撤去して、早く海を復興しようと漁港から立ち上がってきていますよね。

六年生以上になるとかなり感情的な反応が強くなると同時に、恨みとか復讐心も出てきます。親を殺したものに復讐したいという場合もありますし、あるいは自分が何か役に立ちたいという社会性としても出てきます。ですから殺してやりたいということもよく言いますが、相手が自然なのでどうにもならない思いをぶつけてくる子もいました。「僕たちが好きだった自然なんだ、海なんだ、それが母ちゃんを飲み込んだんだよ、どうしたらいいんだよ先生」「恨めないよ、恨めたらうれしいよ」って。「誰を恨んだらいいの」と。大人ならその恨み先がいろいろ行政の方に向けられますが、子どもたちはどこに向けていいのか苦しいようです。「お父さんが生きていたら」「お母さんが生きていたら」……。受け止めてもらえる大きな胸をさがしています。

五、危機に強い子どもを育てるには

危機的場面で的確な行動がとれるためには、日頃から予防教育として災害の際に何をしておけばいいかを教え、きちんと現実検討力を育てることが必要です。三陸の言い伝えで「てんでん（津波がきたらてんでんばらばらでよいからまず逃げるという教え）」というのがあります。「津波てんでんこ」という言い伝えを守っていた子たちは、家族のところに帰らずに素早く逃げて助かっています。しかし、家族みんなを家に集めて車で逃げている最中に流されている方たちがたくさんいるのです。危機に対応できる教育をしっかりやっておく必要があります。

具体的な避難方法のみならず、気持ちも強くして打たれ強い子どもになっていくために、日常からいろいろな気持ちが表現できることが大切です。子どもは遊びを通じて表現しますので、つらい時でも、楽しい遊びができるとかごっこ遊びを通じて記憶の修復ができるという形にするとよいと思います。大体一カ月目ぐらいから子どもたちはごっこ遊びで乗り越えていきました。地震ごっこ、砂場で津波ごっこをする子はたくさんいたようです。先生たちはびっくりして幼稚園からSOSがたくさんきました。「地震ごっこをしているのですがどうしたらいいでしょうか」という相談には、「やめさせないで見守ってあげてください」とお願いしました。最初は家を繰り返しつぶしていくだけですが、ある程度怒りが収まると、「津波だ」というとみんなで逃げて、そこから鬼ごっこに発展して遊びがどんどん変わっていくのです。ですから子どもにとって「ごっこ遊び」というのは実はものすごく大事で、遊びの状況をうまく使って自分のイメージの修復をしているのです。

健康なエネルギーを育てるためには、子どもたちにため込ませないことが大事です。鬱になってしまうと多くの方が気持ちをため込みます。もし「わーっ」と混乱したり叫びだしたくなるような気持ちがあったら、その量を減らしていくアンガーコントロールという取り組みがあります。自分で感情の量、不安の量、怒りの量を減らすのです。気分転換しながら違うところに気持ちが行けば、いやなことばかりを見ずに済みます。違うところに気持ちを持って行く力があり、しんどいものでも抱えられる力を育てていくことも大切なのです。

気仙沼の子どもたちが「ファイト新聞」という新聞をつくりました。ルールは一つだけです。「マイナスのことは書かない」です。避難所での食事が記録されていたり、お風呂のことが書いてあったり、面白いのは自衛隊員がお菓子をくれるというものです。隊員にジャンケンで勝ったらお菓子をもらえ、負けたら後ろに並ぶ。隊員が遊んでくれています。そういうかかわりの中で子どもたちがとても元気になっていっています。

震災の復興計画の中で一つ助けになると思われるのは、仙台に海に沿った東部道路というのがありまして、これが防波堤の役目をしたのです。真っすぐある道路の海側は壊滅しているのですが、東部道路の西側は無事でした。海岸線に対して、道路が平行に走っているということでも、それが実は防波堤の役割を果たしたのです。

また、学校の裏手に斜面を登るスロープがあった学校は津波から逃げることができました。そういったスロープを整備していなかったところでは、遠回りをして逃げ遅れてしまった場合もあるようです。助かる学校と助からない学校を分けた土木工学的なもの、そういう理解の中でこれから先新しい町づくりをするために、大学が協力できればいいと思っています。

学生報告　東日本大震災が私に教えてくれたこと

報告1

早稲田大学大学院創造理工学研究科建設工学専攻　博士後期課程　三上　貴仁

創造理工学研究科建設工学専攻の三上と申します。今日は学生の視点からの報告ということで、今回被災地での現地調査を通して感じたことと、今後の防災あるいは減災についてどういう視点が必要なのかということをお話できればと思っています。

まず、私は海岸工学を専攻し、柴山先生の研究室で津波災害、津波防災に関する研究をしています。津波というのは、まだその詳細な規模やどういう被害が出るのか具体的に予測するところは難しい面もあります。また、津波災害では、地域の文化的、社会的背景によって被災形態が異なるので、災害のたびに綿密な調査を行い、現地で実際に何が起きたのかを調べて記録して、知識を普及させることが重要です。

私が研究室に入ってからも、二〇〇九年は太平洋のサモア、二〇一〇年はチリ、同じ年にイン

写真１　仙台市若林区荒浜（３月25日）

写真２　女川町（３月26日）

ドネシアで災害がありましたが、いずれも現地に行って調査をしてきました。今回も地震が発生した三月一一日の二週間後に現地に入って、宮城県と福島県の沿岸で調査をしてきました。

最初に入ったのが仙台市の荒浜海岸で、周り一帯の建物がほとんど流されてしまい、自動車やガレキも周りにたくさん散乱している状況でした（写真1）。女川も被害が非常に大きかったところですが、写真2のような生々しい被害の状況がうかがえました。

今日は今回の調査の中で感じた、今後一人ひとりが防災や減災をどういう視点で考えたらいいのかという点について二つほど紹介させていただきます。

一つは、南三陸町の志津川での調査結果から考えたことです。南三陸町志津川は南北に川が流れていまして、特に河口付近には標高の低いところが広がっており、高台にアクセスするのが非常に難しいところです。いくつか津波に耐えた高い建物が残っているのですが、いざというときに高台に逃げるのが難しいので、これらの建物が津波避難ビルとして指定されていました。その中でももっとも海の近くにある津波避難ビルに指定されているマンションで調査をしました。このマンションは建物は何とか残っているのですが、周りの土地が削られたりしてしまって、中に入るのも難しいという状況でした。調査の結果、この屋上まで津波が到達し、その高さは十五・四メートルであったことがわかりました。

また、ここでは住民の方から津波襲来時にどのような行動を取ったのかという証言を得ることができました。お話を伺った方は一階にお住まいで、長い揺れのあと、一階から屋上へ避難したそうです。一旦は自動車で逃げることも考えたのですが、渋滞になって逃げ遅れてしまうという

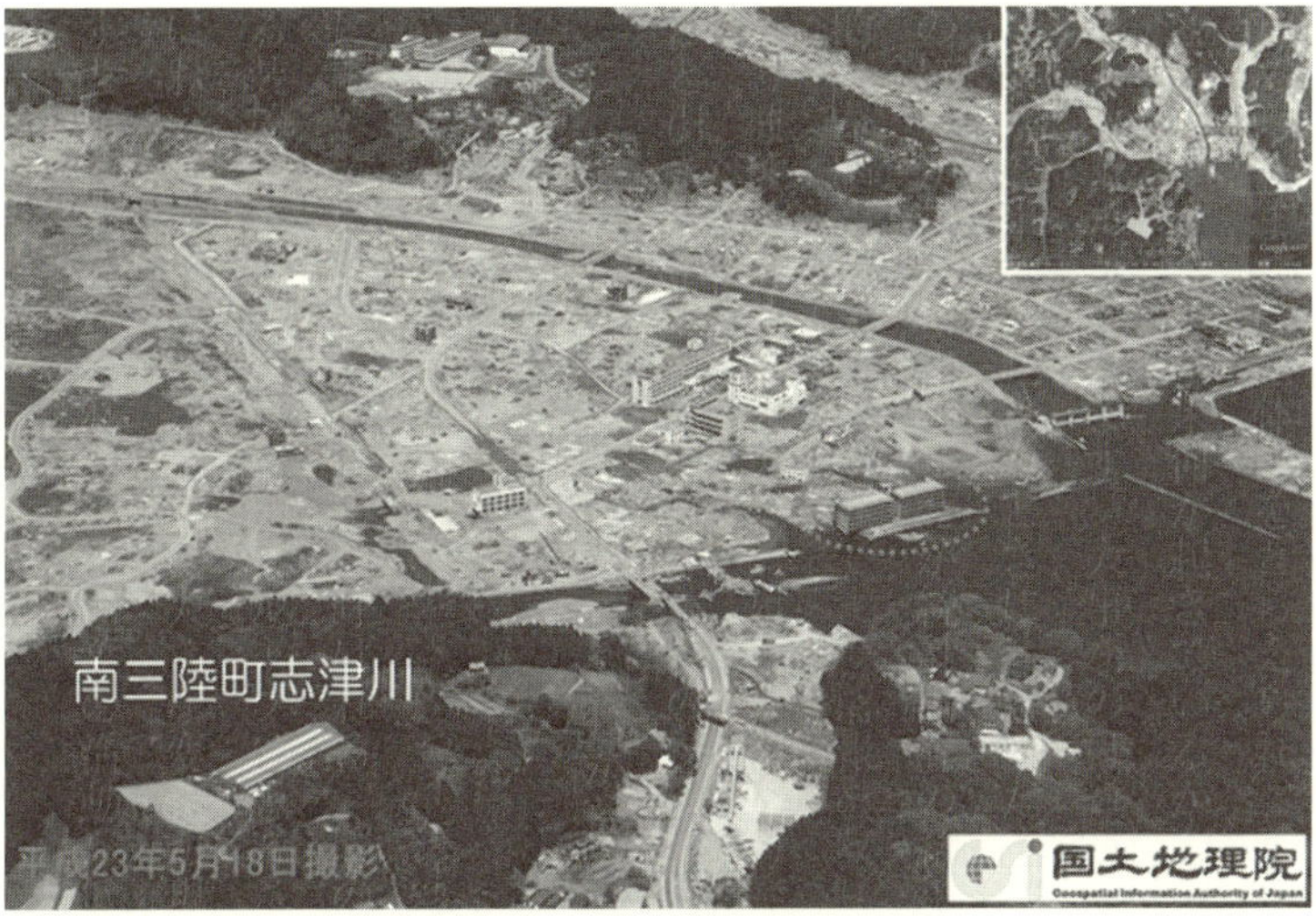
南三陸町志津川
23年5月18日撮影
国土地理院
Geospatial Information Authority of Japan

(出典)国土地理院：被災地周辺の斜め写真，http://zgate.gsi.go.jp/SaigaiShuyaku/20110525/index2.htm

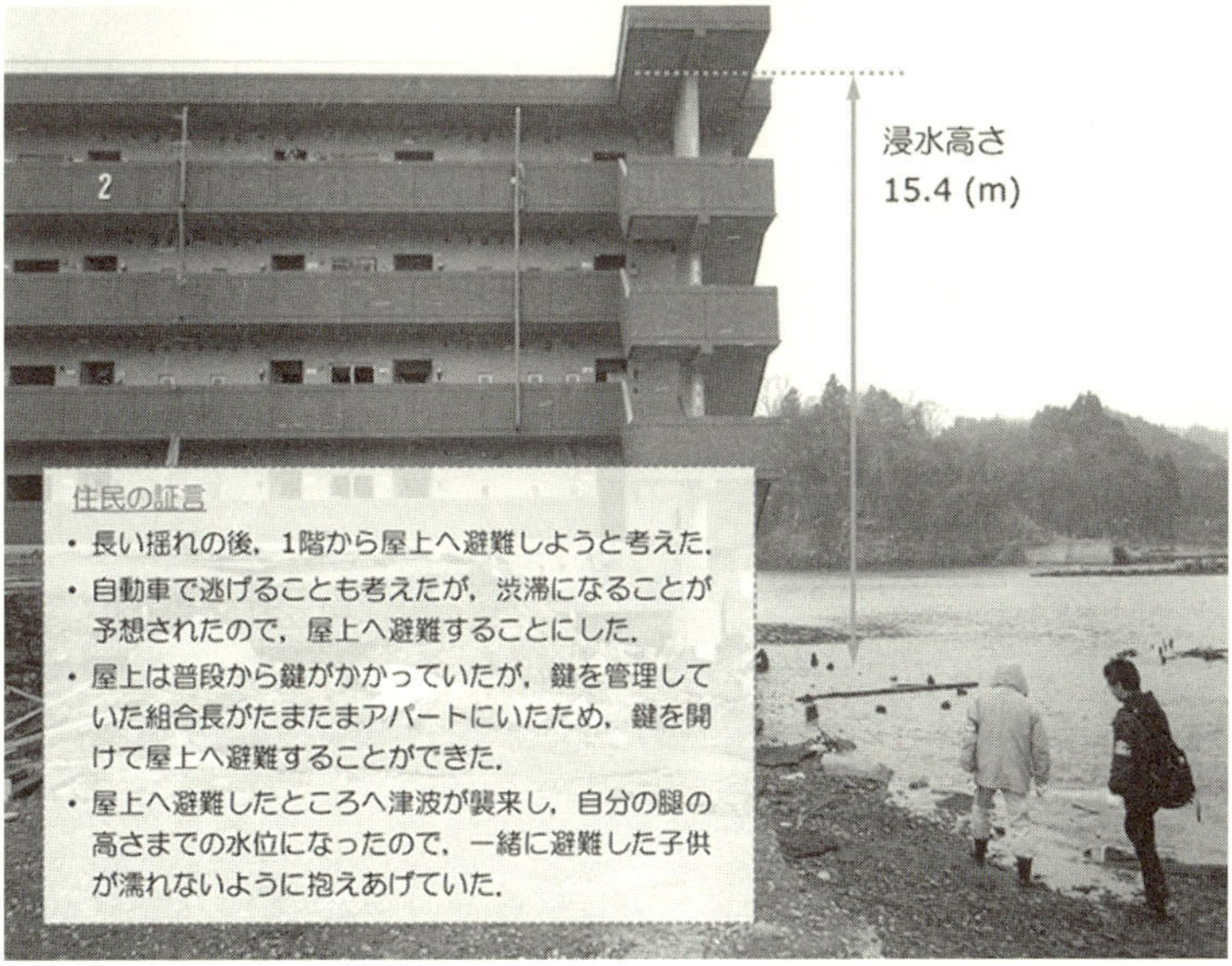
2
浸水高さ
15.4 (m)
住民の証言
・長い揺れの後，1階から屋上へ避難しようと考えた．
・自動車で逃げることも考えたが，渋滞になることが予想されたので，屋上へ避難することにした．
・屋上は普段から鍵がかかっていたが，鍵を管理していた組合長がたまたまアパートにいたため，鍵を開けて屋上へ避難することができた．
・屋上へ避難したところへ津波が襲来し，自分の腿の高さまでの水位になったので，一緒に避難した子供が濡れないように抱えあげていた．

写真 3　南三陸町志津川

ことが予想されたので屋上へ避難しました。屋上は普段は鍵がかかっていて入れないようになっていたのですが、そのときは鍵を管理していた組合長がいたため、鍵を開けて屋上へ避難することができたということです。屋上へ行ったところで津波が襲来し、何とかそこで高さが止まってくれたので助かったということでした。これらの証言から、津波が来たときにはやはりいろいろな選択肢を普段から持っている必要があり、この方の場合は、屋上への避難または自動車で逃げるという選択肢の中から、屋上へ逃げることを選択して助かったということがわかります。実際に津波が来たときには様々なところにいることが想定されますが、その状況下でどういう選択ができるのかを想定する訓練が必要なのではないかと思いました。

また、普段は屋上に鍵がかかっていたそうですが、今回鍵を持った方がいなかったら、屋上まで津波が到達したので十分に逃げることができなかったと考えられます。そのため先ほどいろいろ想定した選択肢の中で、それらが本当に具体的に実現可能なのかどうかということも事前に確認することが必要なのだと改めて感じました。

もう一つは、福島県相馬市磯部の海岸での調査結果から考えたことです。こちらの海岸では、海岸線に沿って海岸堤防が設置されており、その後ろには海岸林が広がっていました。その海岸堤防を見てみますと、堤防内部の砂が津波で流されて堤防が崩落し、背後の海岸林でもほとんどの木が倒されてしまったという状況でした。また、局所的には、**写真4下**のように大規模に崩落している様子が見られました。ここではテトラポッドからなる消波ブロックと海岸堤防、海岸林という三つのラインで、津波、高潮、高波から街を守る構造になっていたのですが、それらをす

相馬市磯部
平成23年11月9日撮影
国土地理院
Geospatial Information Authority of Japan

(出典)国土地理院：被災地周辺の斜め写真，http://zgate.gsi.go.jp/SaigaiShuyaku/20110525/index2.htm

沿岸域での被害
・消波ブロック（テトラポッド），海岸堤防，海岸林を越えて津波が街を襲った．
・特に，海岸堤防の被害は大きく，沿岸数kmに渡って堤体内部の流出・堤体背後での洗掘が見られた．
・構造物の破壊メカニズムや減災能力の評価
＋
・応急的な措置を含めた復旧方法の提案

写真４　相馬市磯部

べて越えて津波が入って来たという状況が分かりました。特に海岸堤防の被害が大きく、沿岸数キロにわたって伸びているのですが、大規模に崩落する様子が見られました。宮城県南部の平野部から福島県北部の平野部にかけて、同じように海岸堤防と海岸林があるのですが、いずれも大きな被害を受けています。

これらの海岸堤防や海岸林について、従来の工学的な研究では、構造物がどのように破壊されるのか、その破壊メカニズムや、あるいは、海岸林は津波の高さや速度を低減する効果がありますので、減災能力の評価ということが注目されていました。しかし、このように災害で大規模に壊れたときに、応急的な措置を含めてどう復旧していくか、なるべく早く海の近くで生活を再建できるようにするためには何が必要なのかという点に関する検討はあまり行われていなかったのが実際のところです。

今回のような大規模な津波災害はなかなか予測することは難しいので、こういう点まで至らなかったのはある意味仕方ない面もあると思いますが、これからは、被災後に何ができるのかということも考えていかないといけないと思います。

防波堤などの構造物で防げる津波もあるのですが、やはり防げない津波もあります。そういう大津波が起きたときにも、応急的にでもいいので被災後に生活の再建の見通しが立てられるようにすることが必要です。そういう意味では被災前から被災後のことを具体的に想像できるような情報を工学的にも提供できればいいと思います。

これから、被災地は復旧、復興してまた日常の生活に戻るプロセスになっていきますが、そのプロセスを一つひとつ追っていって、どういうプロセスで回復していくのかというのを今後も継続して調査し、将来の防災、減災につながるような研究をしていきたいと考えています。

報告2

早稲田大学教育学部教育学科教育心理学専修四年　中島　好美

教育学部四年の中島好美と申します。まず、今日は福島県相馬市での学習ボランティアの報告を致します。福島県相馬市は私の出身地です。震災当時、私は東京にいたのですが、父と母と妹が現地で被災しました。実家は津波の被害はなかったのですが、放射線が心配だということで震災直後から三人は東京の私の家に避難して来まして、一緒に過ごしていました。

父と母はすぐに仕事でまた戻りましたが、被災地で仕事をするのもなかなか大変なようでした。

私は震災後すぐに友達と一緒に「うまのしっぽズ」というボランティア団体を結成いたしました。ネーミングは馬の尻尾のように細く長く活動したいということなのですが、メンバーにはこの震災で家や家族を失くした人もいます。

今日発表する内容は、この「うまのしっぽズ」の第一回の活動についてです。仮設住宅に住んでいる子どもたちを対象に学習支援や遊びを一緒にしてきました。私がこのボランティアに行ったきっかけは、原発事故のため外で遊べない福島の子どもたちのために、夏休みを楽しんでもらいたいという気持ちがあったことと、自分たちが今できることを何かしたいと思ったことがあります。私は教職に就くことを目指しており、地元の現状を知り、将来福島に戻って教師になるときに何か役立てたいと思ったのです。

ボランティアは「ニコニコ子どもひろば」という名前で、福島県相馬市の七カ所の仮設住宅の集会所で子どもたちの宿題のお手伝いをしたり一緒に遊んだりしました（写真5上）。期間は夏休み一日二時間程度です。一日二時間でしたが、基本的に前半一時間は学習タイム、後半一時間は遊びタイムということで分けて活動しました。集まったお子さんたちの年齢はばらばらで、小学生、幼稚園の子どもが多い場合や、場所によっては中高生の受験生が来ることもあり、そういう場合は二時間受験勉強のお手伝いをしていました。幼稚園のお子さんの場合には、絵本を読み聞かせたり塗り絵をしたり、迷路で遊んだりしました。

勉強の時間に関しては、集まった子どもたちが、私たちの活動にポスターを作ってくれました（写真5下）。私たちの活動を楽しみにしてくれている様子がわかります。

遊びタイムでは工作をしたりトランプをしたり、おはじきやあや取りをして楽しみました。特に人気だったのは風船バレーやだるまさんが転んだ、ダンスを踊るなど体を動かす遊びでした。活動の中日ぐらいに早稲田の友人や、次にお話しいただく鴨川さんも来てくださいまして、集団遊びを教えてくれました。

私たちの活動は読売新聞社にも取り上げていただき、新聞の形で皆さんに知っていただくことができました。

ボランティアを終えて課題に感じたことは、まず、子どもたちはすごく元気を持て余していたという印象があります。体を動かす遊びをとてもしたがりました。

仮設住宅周辺で子どもたちが遊べる場が非常に少なく、お伺いした仮設住宅は少し山の中にあるので、車がないとどうしても遊ぶところには出かけられませんし、公園があったとしても今は放射線が心配されるので遊ぶことができません。

また、他の課題としては、仮設住宅には異なる地域の人たちが集まって来ているので、その中でのつながりが薄いということです。「ニコニコ子どもひろば」に集まってくれた子どもたちも、全員知り合いというわけではなく、別の学校の子とは最初は距離を置いている子どもたちも多く見られました。

ボランティアをしてよかったと感じるのは、仮設住宅の人たちに喜んでもらえたことです。子どもたちはもちろんですが、最初にこういうボランティアをしたいという提案を仮設住宅の組長さんにしたときに、私が相馬高校の出身という話をしたら「俺の後輩だ、若い者が戻って来てくれた」と言って涙を浮かべて喜んでくれたのがとても印象的でした。また、まだ知り合いではなかった子どもたちが遊びの中で友達になって輪が広がりました。活動は毎回二時間という短い時間ではありますが、お母さんたちの自由な時間を作ることができました。そのため家事の時間が確保でき、お母さんたちに気持ちの余裕をもってもらえたと思います。保育所のような感覚で使ってくださるお母さんがおり、「ちょっと買い物に行って来るのでこの子をよろしくね」という感じで利用してもらえました。そして子どもたちから「楽しかった」、「また来てほしい」とい

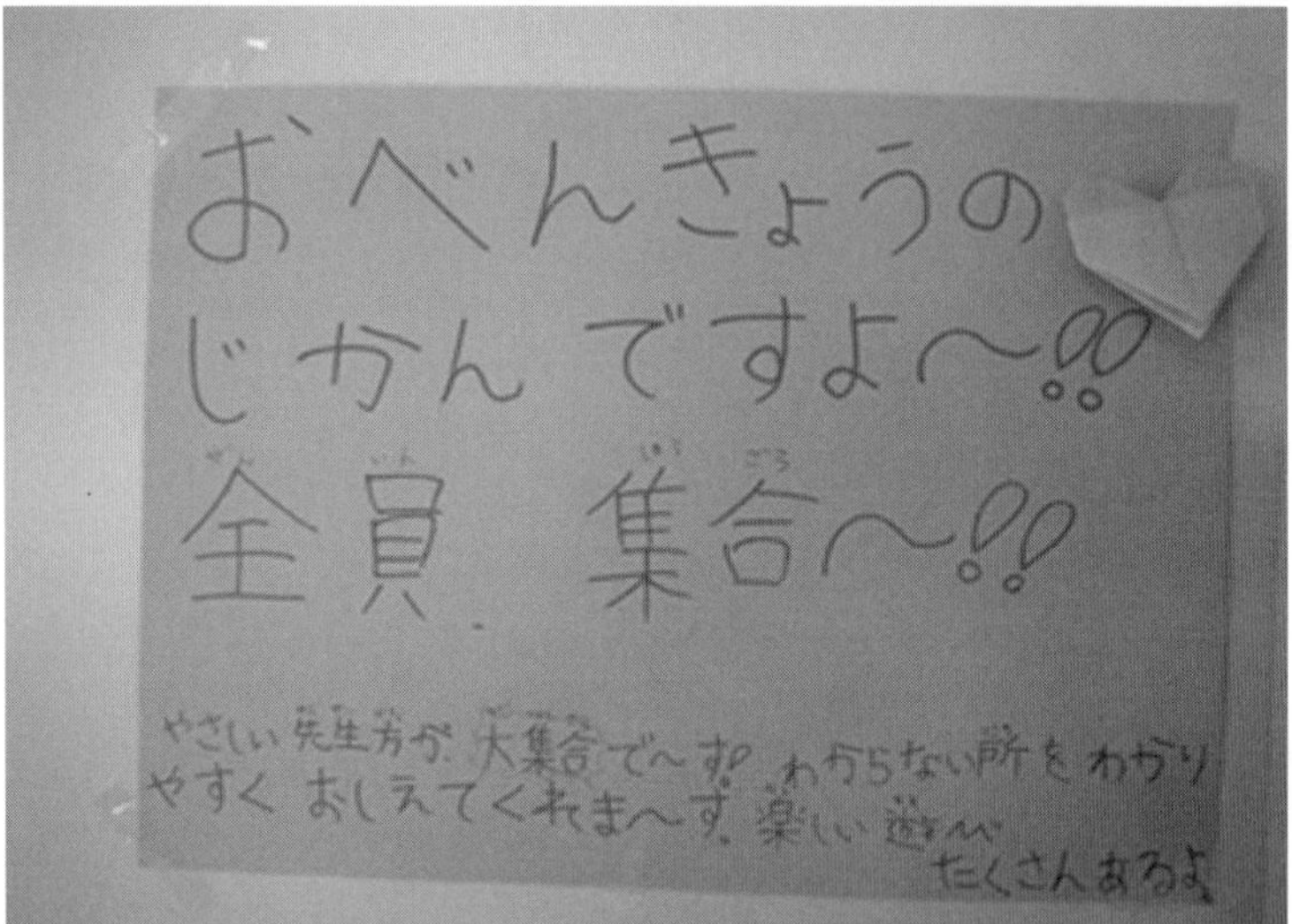

写真5　うまのしっぽズの活動の様子

う声が聞かれたのが何よりもやってよかったと思えました。活動中もよく笑って、それぞれに楽しんでくれました。

今回、このボランティアをして、少しではありますが何かの力になれたかと思います。しかし、やはりまだこれからだと感じる部分もあります。特に私は地元に戻りたいと考えており、これからもずっと復興・再生していく側として力になりたいと考えています。

以上で発表を終わります。ご清聴ありがとうございました。

報告3

早稲田大学大学院教育学研究科学校教育専攻　修士課程　鴨川　光

私は、遊びを通した子どもの支援ということで、「みんなで遊ぼう」という「遊びのブログ」を通しての被災地支援についてお話しします。

私が生まれ育ったのは茨城県ですが、今回の震災で被災してしまいました。支援に行きたかったのですが、交通機関も資金もなかったので何ができるだろうかと思案しているときに、指導教授の本田先生から「被災地の子どもたちは、遊び道具や遊び場が流されてしまったために何をしていたらいいかわからないでいる、あるいは大人たちが復興作業をしているときに子どもたちだけで過ごさなければならないので、何か遊びを教えてあげたい」というお話を頂きました。

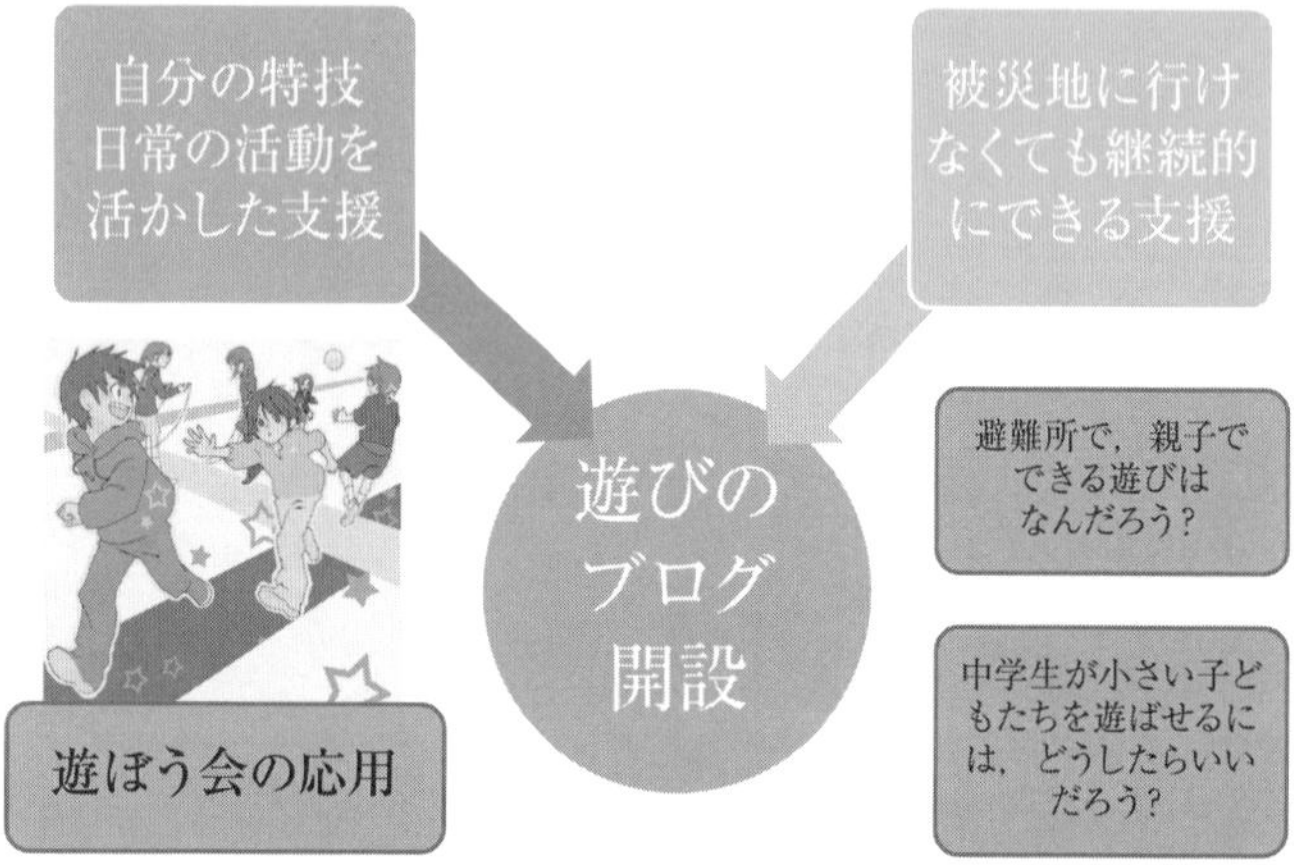

図１　自分にできる支援

私は学部の卒業論文も子どもの遊びについて書いていたので、卒業論文執筆時に遊び道具がなくても、スペースが狭くても状況に応じて楽しめる遊びを調べ、ブログにまとめていました。そこで、そのＵＲＬを被災地に送ることにしました。

私が目指したのは「自分にできる支援」ということで、私が普段から取り組んでいる「遊ぼう会」という児童会で身に付けてきた遊びのスキルの活用や、実際に被災地に行けなくてもできる支援を目指し、遊びのブログという形で支援を開始しました。ブログには親子で遊べる遊びや、避難所など場所が限られているところでもできる遊びを中心に載せました。また、中学生などが小さい子どもの面倒を見ているということだったので、中学生たちが見て分かりやすいように工夫しました。朝日新聞でこのブログについて触れていただき、「被災してふさぎ込んでいた子どもの心が、遊びを通じて開かれていきます」というご紹介を頂きました。

遊びには実にたくさんの種類がありますが、今回は室内でできる遊びをピックアップしてご紹介します。例えば「ことば・リズム遊び」では、『山手線しりとり』なども簡単ですが遊びに入ります。これは、食べ物や乗り物などのお題を決めて、そのお題に沿った言葉だけでするしりとりです。

「考える遊び」の『スリーヒントクイズ』とは、例えば「これは赤いです。これは丸いです。これは食べ物です」という三つのヒントを出して、子どもたちに「トマト！」「リンゴ！」と答えてもらうようなクイズです。

「ふれあい遊び」は、手をつなぐなど指同士が触れ合う遊びになっています。『いま時計何時？』などは、私も小さいときに寝つく前に母にやってもらった記憶があるのですが、遊びというのは二十年、三十年経ってもずっと心の中に残っていくものなので、小さいころにきちんと遊ぶというのはとても大事なことです。

それから「身体全体を使って遊べる遊び」も大切です。思いっきり身体を動かすことで、エネルギーも発散できますし、バランス感覚などを育むこともできます。

私のブログでは、本田先生の助言のもと、遊びの効果を「心や体の発達に役立つ要素」、「社会性をはぐくむ要素」、「こころにゆとりを持たせる要素」に分けて考えています。簡単に言いますと、「子どもは遊ぶのが仕事」という言葉があるように、子どもは遊びを通して成長していくのです。他にもたくさんの要素がありますが、遊びというものはとにかく楽しいので、いろいろなことを「楽しく学べる」というのが一番大事なところです。

先ほど中島さんからお話しいただいた「うまのしっぽズ」の活動に私も参加し、後半一時間の遊びの部分を担当しました。事前情報として聞いていたのは、原発が近いために外で遊べない、集団で遊べる場所が仮設住宅の集会所にある十畳ぐらいの床張りだということでした。そこでどういう遊びをしようかと、当日子どもたちを見ていたときに、まず子どもたち同士が打ち解けていない様子が気になりました。これは先ほど中島さんからも紹介がありましたが、仮設住宅にはいろいろな学校の子どもたちがいるので、もともと友達同士ではない子たちがグループごとに分かれてしまっていました。そこで最初に『ネームトス』という相手の名前を呼びながらボールをパスする遊びや、『なんでもバスケット』などのお互いのことを知ることができるような遊びを取り入れてみました。

また、子どもたちは外で遊べないことでエネルギーを持て余しており、私が行ったときも小学生の女の子がボランティアの大学生をふざけて蹴っているぐらいでした。このエネルギーを楽しく発散する方法を教えてあげたいと思い、『前後左右』『エルボータッチ』『みんなおに』といった狭い場所でも全身を思い切り使える遊びを多めに取り入れました。そのあとに頭を使う『スリーヒントクイズ』をしましたが、一時間身体を使って遊びエネルギーを発散した後だったので、騒がしかった子どもたちもきちんと輪になってクイズができました。

仮設住宅は二年間の期限付きということですが、少なくともあと一年以上は仮設住宅での生活が続くことになります。それを考えると、やはり子どもたち同士がつながっていくことはとても大切ですので、遊びの時間の最後にはみんなで達成感が味わえるような『キャッチ』や『バルーントス』といった遊びを取り入れました。例えば『キャッチ』では、みんなで輪になって隣の人の手のひらの上に人差し指を置き、全員がつながっているという状態で遊びます。このような参加者が輪でつながる遊びを多めに取り入れ、みんなで遊ぶ楽しさを伝えていきました。輪になって行う遊びは参加者全員の顔が見えますので、お互いの様子もとてもよく伝わります。遊びを通じて子どもたち同士が近くなれたと思います。

「遊びブログ」を多くの方にご覧頂いたことだけでもとてもうれしいのですが、あるお母様から「地震のあとにふさぎ込んでいた子どもが、ここに載っていた遊びをしてあげたら初めて笑った」とコメントを頂きました。続けて「こんな遊びで楽しいのかと最初は疑問でしたが、こんな簡単なことで子どもは喜ぶんですね」とも言って頂き、とてもうれしかったです。

私は「自分にできる支援」ということで「遊びブログ」を通した支援についてお話ししましたが、これで支援が終わるわけではありません。これからも自分のできる範囲で細く長く支援を継続していければと考えています。

『みんなで遊ぼう―遊ぼう会のブログ』http://blog.goo.ne.jp/torrino_hito

総括討論

〔司会〕早稲田大学教育・総合科学学術院教授　加藤　尚志

加藤：これよりパネルディスカッションに移りたいと思います。まず、フロアの方で今日の演者の方々にご質問やご意見のある方はお願いします。

会場A：柴山先生と細川先生の発表に石碑があったのでお聞きしたいのですが、少し前に報道で、どこかの町で津波が到達した地点に桜の木を植えて、後の世代にその記憶を残していこうという試みが取り上げられていたのですが、私は感傷的すぎるような気がしていました。木というのは火事とか落雷や嵐などさまざまな要因で倒れたりなくなったりしてしまいます。また今回の講演のフライヤーに載っていた陸前高田市の一本松も最後は再生断念という残念な結末になってしまいました。それを考えると記憶があるうちに石碑を建てて残したほうがいいのではないかとは思います。しかし、そういうものを作ってもすぐに忘れられて意味がないのかとも思うのですが、どうお考えですか？

柴山：難しい課題です。最もその場所に変わらずにいてくれるのは石なので、石碑を残すというのがこれまで行われてきた方法です。ただ、先ほどの私の話にあったように、必ずしもそれをみんなが覚えているわけではないのです。すぐに忘れてしまうところが、災害記憶を地域に残す

際の課題だと思います。ですから木を選ぶことも選択としてはあると思いますが、永続性を考えるとやはり変わらないものが必要だと思います。

今回の津波について言えば、詳細な計測でどこに何メートルの水が来たということを記録し、電子データとしてアーカイブスに残そうとしています。この記憶は映像とともにさすがに消えないだろうと思います。今われわれがしているのは、これまでのように石や桜の木を植えるだけでは不安定なので、きちんとしたデジタルな記録として映像とともに残していく努力をしています。ですから今回の震災の記憶は次の世代に確実に伝えられると思っています。

細川：昨日（二〇一一年十二月十六日）の新聞で、津波の到達地点の境界に神社仏閣が建てられているという記事が載っていました。恐らくこれもその桜と同じような意味、もしくは鎮魂の意味も多分にあるのだと思います。桜も鎮魂や再帰性の意味があります。何度もそれが甦ってきて、しかも花が咲くたびに語り伝えるということを考えているのだろうと思います。

津波の石碑は、ご紹介したもの以外にもいくつか訪ねていますが、大体藪の中になってしまっています。どこにあるのか探し、札があるものはまだいいのですが、藪の中に、石碑だけたっており、「ああ、これだったのか」ということが多いのです。そして石碑自体が磨滅してしまうこともあるのです。

しかしそれとは別に、地元で語り伝えることはとても大事なことです。デジタルで残してしまうと、残した段階でみんな安心してしまうのです。その安心感というものが、記憶を呼び起こすときに大きなリスクになってしまう可能性があります。デジタル化するということと地元でしっかりと語り伝えるという両面が合わさって、一つの英知になっていくのです。デジタルと口伝の両方を残せる工夫が必要です。過去、現在、未来につながる発想が必要ではないでしょうか。

会場B：柴山先生にお伺いします。理工系技術者・研究者の反省と姿勢を述べられて、市民社会と技術者との協働のシステムを構築しなければいけない、とおっしゃいました。一方で、特に原発問題に象徴されるように、政府の機能不全とマスコミ報道の曖昧さが明らかになりました。やはり市民や地域社会との協働には、もっと技術者が能動的に組織をつくって発信しないといけないと思うのです。学会などアカデミックな場で発表するだけではなくて、もっと市民に近いところで情報発信を行ってほしいと思います。

ですから、やはり早稲田大学でも常に情報を発信していって、分かりやすい窓口をつくってほしいと思いますが、いかがでしょうか。

柴山：今のご意見は今回の震災のあとの社会の一面を正確にとらえていると思います。私も研究者が必ずしも市民社会に発信してこなかったと考えています。今は日本全国でコンセンサスフォーメーション、つまり専門家と市民が一緒になった意思決定のための協議会がたくさんあります。これまでは技術者は技術者、研究者は研究者だけで話をしていた面がありますが、そうではなくて、市民を含めた合意形成会議で発信をしていきたいと思っています。実は、日本社会は極めて教育の水準が高く、市民が非常に高いレベルで様々な問題を考えているのです。

合意形成の方法としては、専門家が提供する知識と、地域の皆さんが地域の中で形成された知識の二つを総合して、意思決定がなされるべきだと考えております。私たちも研究成果を発表していくだけではなく、積極的に地域での合意形成会議にかかわっていって、そのプロセスで市民の皆さんと協働していきたいという立場です。合意形成会議に積極的にかかわっていこうと思っています。

会場C：私はクラシック音楽関係の仕事をしていますが、被災地への復興支援コンサートの要請があります。実際にオーケストラを含め、落語、パントマイムなどの文化活動の支援があるとは聞きますが、それを現地でセッティングする方の労力がどの程度のもので、本当に支援に来てほしいと思っているのかどうか、今ひとつわからないでいます。また、実際に何か行った場合、どのぐらいの人たちに喜んでいただけているのかが見えていません。

もう一つ柴山先生に震災の記憶という点についてお伺いします。今回の震災で被害を受けた岩手県宮古市立田老第一中学校の歌詞を、アンサンブルの講演で行った京都フィルのウェブサイトで見て、胸に迫るものがあったので紹介させてください。「防浪堤を　仰ぎみよ試練の津波　幾たびぞ　乗りこえたてし　わが郷土　父祖の偉業　跡つがん」という歌詞です。こういう校歌が東北にあることに驚いてしまったのですが、こういった語り継いでいく、歌い継いでいくというものが、東北にはここだけではなく他にもあるのでしょうか。

本田：ボランティアについてですが、現地の方は継続して来てくださる方、自分たちで組織をつくってくださる方は続けて来てもらいたいと考えています。学習支援や子どもたちにかかわるボランティアですと、子どもたちはまた来てくれることを期待するのですが、次はないということになると「見捨てられ感」の揺れ動きが非常につらくなってしまいます。そのためにＮＰＯ法人や組織的に活動している団体はとても喜ばれています。

また、私は東北に向かう度に、新幹線で楽器を抱えた方をお見かけします。仮設住宅でそういった催しをやると人が集まるのです。そういったことがあるとお年寄りでも出て来てくれるのです。そのあとで行政の方が「せっかく人が集まったから」ということで、その場で直接連絡をするということもあります。市民とボランティアの方に加えて、行政もそこに入って行けるようになると、いい形でのボランティアが継続的にできるのです。

また、音楽はやはりすごくいいなと思います。歌ってあげるだけで、子どもはとてもおだやかになりますし、お年寄りも喜びます。老人ホームを慰問しながら一緒に歌うだけで表情が柔らかくなってくるといいますから、音楽にはとても効果があると思います。

もう一つは災害記憶の伝え方ですが、大人に伝えていくというよりも、二十年後にその土地に帰って来る、十代の子どもを育てなければいけないのです。七〜八月に親と子どもが一緒にボランティア作業をして、町を復興する前線で活動してもらうという災害記憶の伝え方をお願いしています。また、小さい子たちに伝えるのでしたら、三陸地方にある「津波てんでんこ」の絵本もありますので、そういうものを利用する方法もあると思います。

加藤：例えば音楽団体からそういう申し入れがあった場合には、早稲田大学の平山郁夫ボランティアセンターが窓口になってくれるのですか？

中村：平山郁夫ボランティアセンターは、現地の要請を集めることが一つの役割で、その要請に応える団体つまり、学生サークル、団体、あるいは大学自体などをマッチングさせる作業をしてきました。ですから現地の要望が最初です。本田先生がおっしゃるとおり、先方に労力をかけないようにする、全部自己完結できるチームをつくって行くということが大切です。宿泊場所も用意しなくていいということです。ですからバスは夜行バスになります。

加藤：いろいろなチャンネルが大学にはありますので、参考にしていただければと思います。最後に柴山先生、お願いします。

柴山：田老町を中心とする三陸海岸は、明治三陸地震以来、昭和三陸地震津波、チリ津波、今回と、百十五年の間に四回も大きな津波に襲われています。ですから、田老第一中学校で先程のような校歌が歌われてきたのも、将来にかつての経験を伝えておこうという試みなのだと思います。また、東北地方には石碑も多いですし、他にもそういう例があると思います。何度も津波に襲われた経験があるところは、そういう記録が残っているのです。

ただ問題は、例えば南関東を考えてみると、一四九八年の明応地震津波、一六〇五年の慶長津波、そのあと一七〇四年の元禄地震津波と発生しているのですが、近年は大きな津波に襲われていませんので、伝承など地域での記憶にはかなり薄れてしまっていると思います。

東北地方でも、高度経済成長期には非常にモビリティが大きく、都市に人間が集中しています。その中で地域社会が大きな変動を受け、災害の記憶が薄れた面もあったと思います。

例えば、日本海側の西部、鳥取県、島根県というと、津波に関する検討がほとんどされてきません。しかし、それは経験が全くないわけではなく、きちんと調べてこなかったということだと思います。これらの地域では、地域での伝承がほとんど残っておらず、次に津波に襲われた場合には、本当に何もなくなってしまう可能性があります。そこで今われわれは、それぞれの地域でボーリング調査をしています。地層に過去の津波の記録が残っていないかを調べ、場合によっては地震のシナリオを作成し津波を想定するなど、様々な手段を駆使しないと、過去の記録だけでは地域社会を守っていくことができないかも知れません。もちろん伝承は非常に大切で、三陸には伝承による災害の記録が残されています。しかし、伝承が残っていないところでも津波の危険がないわけではないのです。それをもう一度検証する必要があると考えています。

加藤：どうもありがとうございました。時間になってしまいましたので、非常に残念ですがこれで終了したいと思います。最後に堀所長からごあいさつをお願いします。

堀：みなさん、長時間にわたりありがとうございました。柴山先生、細川先生、本田先生、な

らびに三人の学生の方々に心から感謝申し上げます。

災害の記憶を残す手段として、石碑が有効かどうかということも、寺田寅彦の「津浪と人間」の中に出てまいります。石碑が忘れ去られ、藪の中に埋もれてしまわないとも限りません。そうであれば教育の場で、年に一度ぐらいは津波や地震についての啓蒙的な授業、講演を継続的に行うことが必要であると説いているのです。まさに、教育がいかにあるべきかという問いかけがあると思います。

本日の柴山先生のお話の中で、過去の地震にも触れていただきましたが、貞観地震が八六九年で、そこから約五十年後の九〇五年に『古今和歌集』が編まれています。その巻二十の「東歌」におさめる「みちのくの歌」一〇九三番に「きみをおきてあだし心をわがもたば末の松山波も越えなむ」があります。「末の松山」は今般の震災でも被災を免れていますが、近年の海底遺跡などの発見によって、往時の大地震の津波で海中に沈んでいるらしいとの報告もあります。それはともかく、この和歌は、震災をそのまま詠んでいるわけではありません。「末の松山波も越えなむ」とは、波が末の松山をも越えて来るだろうということですが、「きみをおきてあだし心をわがもたば」は、愛しいあなたを差し置いてほかの人に心を移したならばということで、恋の歌になっているのです。苦い経験を逆手に取りながら、また一つの糧にしていった過去の人々の生きざまがここにも見えるのではないのかと思います。

実は最初のごあいさつのときにもご案内いたしましたが、二〇一一年七月三〇日に「『環境』と倫理を問い直す」と題する「教育最前線講演会」を開催しました。その講演内容に基づき、本日に間に合わせるべく『早稲田教育ブックレット』No.6を刊行いたしました。[1]「震災下での学び」と副題して、環境法、自然（ジオパーク）、食の流通、ＩＣＴをテーマとした内容となっています。多くの方にお読みいただければ幸いです。

本日は長時間にわたりご清聴いただき、ありがとうございました。

注

（1）早稲田大学教育総合研究所監修『「環境」と倫理を問い直す―震災下での学び』「早稲田教育ブックレット」No.6学文社、二〇一一年十二月。目次……はじめに（堀誠）、「環境法」の論理と倫理（北山雅昭）、ジオパークの恵み（高木秀雄）、「食の流通」をめぐるシステムと倫理（箸本健二）、「情報リテラシー」と倫理（武沢護）、全体討論。

「早稲田教育ブックレット」№.7刊行に寄せて

堀　誠

教育総合研究所の二〇一一年度は、前身となる教育総合研究室の創設から数えて二十六年目に当たります。その新たな四半世紀を迎える直前に、東日本大震災が発生しました。大学は学生の安否確認、建物の安全点検にはじまり、卒業式ならびに入学式の中止、そして連休明けの五月六日始業という異例ずくめの予断を許さぬ環境の中にありました。

震災による社会不安の中で、教育総合研究所として何が成しうるか。震災直後に中止とした教育最前線講演会シリーズⅫ〈「環境」と倫理〉は奇しくも時宜にかなったテーマでした。まさに震災下で学び考えることをコンセプションに、七月には〈「環境」と倫理を問い直す〉を再企画するとともに、十二月には〈震災と教育―学び、将来へ伝える―〉を早大生によるボランティア活動の紹介・報告を含めて企画し、多くの方々にご来聴いただくことができました。

その講演をいち早く読書子にも共有していただくことも、研究所の役割の一つです。昨年末の「早稲田教育ブックレット」№.6『「環境」と倫理を問い直す―震災下での学び―』に続いて、№.7として『震災と教育―学び、将来へ伝える―』を刊行できますことは、教育総合研究所の活動記録としても大いに意義深いものと考えます。趣旨をご理解いただいた講師の先生方に厚く御礼申し上げます。

所名にいう「総合」の語は大いに含蓄にとみます。「教育」という間口の広い対象に対して、それは学内外の多岐多様な英知を集積する「回路」の機能を果たしていると個人的には考えます。今後の企画・運営がより実り多いものになりますためにも、ご感想・ご要望・ご意見等をお寄せいただけますれば幸いです。

（早稲田大学教育総合研究所　所長）

著者略歴（2012年3月現在）

柴山　知也（しばやま　ともや）
早稲田大学理工学術院（社会環境工学科）教授　工学博士
略歴：東京大学大学院工学研究科修士課程修了。東京大学助教授、Associate Professor, Asian Institute of Technology，横浜国立大学教授などを経て現職。横浜国立大学名誉教授、早稲田大学東日本大震災復興研究拠点・複合災害研究所長。

細川　光洋（ほそかわ　みつひろ）
高知工業高等専門学校（総合科学科）准教授
略歴：早稲田大学教育学研究科国語教育専攻修士課程修了。立教英国学院、桐蔭学園教諭を経て、現職。専攻は日本近代文学。

本田　恵子（ほんだ　けいこ）
早稲田大学教育・総合科学学術院（教育学科教育心理学専修）教授　博士（カウンセリング心理学）
略歴：コロンビア大学大学院修了。中学・高等学校教論、スクールカウンセラー、玉川大学文学部人間学科助教授を経て、現職。

三上　貴仁（みかみ　たかひと）
早稲田大学大学院創造理工学研究科建設工学専攻博士後期課程在学中。
略歴：早稲田大学大学院創造理工学研究科建設工学専攻修士課程修了。

鴨川　光（かもがわ　ひかる）
早稲田大学大学院教育学研究科学校教育専攻修士課程在学中。
略歴：早稲田大学教育学部卒業。遊ぼう会学生代表。

中島　好美（なかじま　よしみ）
早稲田大学教育学部在学中。
略歴：福島県立相馬高校卒業。相馬高校ＯＢ・ＯＧによる学生ボランティア団体うまのしっぽズ代表。

加藤　尚志（かとう　たかし）
早稲田大学教育・総合科学学術院（理学科生物学専修）教授　博士（理学）
略歴：早稲田大学理工学研究科物理学及び応用物理学専攻修士課程修了。キリンビール株式会社医薬探索研究所主幹研究員・研究推進担当部長等を経て、現職。早稲田大学教育総合研究所幹事。

堀　誠（ほり　まこと）
早稲田大学教育・総合科学学術院（国語国文学科）教授　博士（学術）
略歴：早稲田大学大学院文学研究科中国文学専攻博士後期課程単位取得退学。早稲田大学教育学部助手、専任講師、助教授を経て、現職。早稲田大学教育総合研究所所長。

早稲田教育叢書

早稲田大学教育総合研究所

（価格税込　A5 並製　各 C3337）

24 坂爪一幸 著

高次脳機能の障害心理学

神経心理学的症状、高次脳機能障害（脳損傷後にみられる症状や障害）をより心理学的な観点から考察。綿密な研究を通じて、「心」の活動の変化、可能態や適応性を解読。「心」の多面性を理解する手がかりが得られる。

● ISBN978-4-7620-2158-9　224 頁　2,425 円

25 大津雄一・金井景子 編著

声の力と国語教育

子どもたちへ声を届け、子どもたちの声を引き出すさまざまな活動と実践研究から、音声言語教育分野に関する教員養成の現状と課題を再考。日本文学や中国文学研究者、国語教育研究者、教員、朗読家や読み聞かせの実践家などによる「朗読の理論と実践の会」の活動記録と研究成果。

● ISBN978-4-7620-1674-5　232 頁　2,520 円

26 坂爪一幸 編著

特別支援教育に活かせる
発達障害のアセスメントとケーススタディ

発達神経心理学的な理解と対応：言語機能編

言語機能面における発達障害への理解を深め、アセスメントに役立つ最新の知見を発達神経心理学的な視点からわかりやすくまとめた。付録に掲載した言語機能アセスメントツールでは、ツールの使い方をイラスト入りで実践的に解説。

〈言語機能アセスメントツール〉付

● ISBN978-4-7620-1758-2　238 頁　2,520 円

27 白石　裕 編著

学校管理職に求められる力量とは何か

大学院における養成・研修の実態と課題

大学院における学校管理職養成・研修の現状と課題、学校を支え動かす学校管理職の力とは何か。２年間実施した現職校長を対象とするアンケート調査の結果分析を通して、学校管理職に求められる力量について検討する。その他 2007 年に開催した公開シンポジウムの講演と報告を掲載。

● I BN978-4-7620-1952-4　158 頁　1,680 円

28 安彦忠彦 編著

「教育」の常識・非常識

公教育と私教育をめぐって

政治家やジャーナリズムにより喧伝され「常識」となっている“教育＝サービス論”により、「公教育」と「私教育」は同質のものとみなされるようになっている。それらの「常識」の矛盾を示し、「私教育」の意義に改めて焦点を当てる。

● ISBN978-4-7620-2049-0　142 頁　1,575 円

29 沖　清豪・岡田聡志 編著

データによる大学教育の自己改善

インスティテューショナル・リサーチの過去・現在・展望

高等教育機関におけるインスティテューショナル・リサーチに関する現時点までの研究成果と知見をまとめ、大学改革においてIR 導入の際に考慮すべき点を提示し、今後を展望する。IR 関連の国際的文献・資料も収録。

● ISBN978-4-7620-2157-2　216 頁　2,520 円

30 堀　誠 編著

漢字・漢語・漢文の教育と指導

「読む」「書く」「話す」「聞く」という、漢字・漢語・漢文のもつ根源的な力の発見と、その力を育むための実践的な方法の考案、教材や指導法を提案する。また漢字のもつ歴史、漢語・熟語・故事成語の成り立ちとその意味世界、そして訓読による漢語・漢文の理解方法など、さまざまな視点から現実を見つめ直し、漢字・漢語・漢文の世界を多角的に掘りおこす。

● ISBN978-4-7620-2158-9　256 頁　2,625 円

31 鈴木晋一 編著

教材開発としてのグラフ理論

数学を創り上げるという視点から、構成的な要素を補う教材としてグラフ理論を取り上げ、幾何教材と離散数学教材の強化に取り組む。早稲田大学教育総合研究所の課題研究「中学校・高等学校における離散数学教材の研究と開発」の成果報告をまとめた。

●ISBN978-4-7620-2253-1　208 頁　2,415 円